《论语》中的商业智慧

领会《论语》精义，揭示创业之道

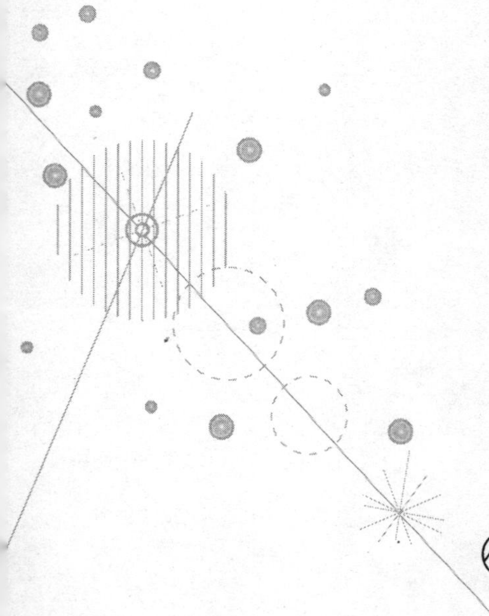

几道書局

人文经典系列

几道書局
人文经典系列

《论语》中的商业智慧

彭湃◎著

電子工業出版社
Publishing House of Electronics Industry
北京·BEIJING

图书在版编目（CIP）数据
《论语》中的商业智慧 / 彭湃著 . -- 北京 : 电子工业出版社 , 2019.4
ISBN 978-7-121-35212-6

Ⅰ . ①论… Ⅱ . ①彭… Ⅲ . ①《论语》 – 应用 – 商业经营 Ⅳ . ① F713

中国版本图书馆 CIP 数据核字 (2018) 第 238899 号

出版统筹：刘声峰
策划编辑：刘　晓
责任编辑：刘　晓
印　　刷：三河市华成印务有限公司
装　　订：三河市华成印务有限公司
出版发行：电子工业出版社
　　　　　北京市海淀区万寿路 173 信箱　邮编：100036
开　　本：720 × 1000　1/16　印张：11　　字数：140.8 千字
版　　次：2019 年 4 月第 1 版
印　　次：2019 年 4 月第 1 次印刷
定　　价：49.90 元

凡所购买电子工业出版社图书有缺损问题，请向购买书店调换。若书店售缺，请与本社发行部联系，联系及邮购电话：（010）88254888，88258888。

质量投诉请发邮件至 zlts@phei.com.cn，盗版侵权举报请发邮件至 dbqq@phei.com.cn。

本书咨询联系方式：QQ 307188243。

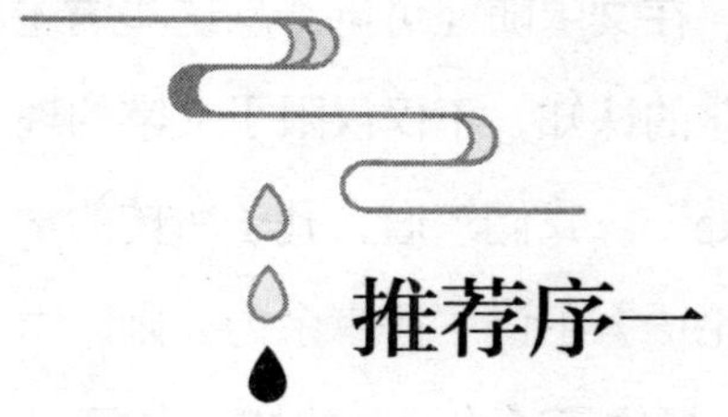

推荐序一

彭湃先生毕业于东北大学，深造于澳洲，是名副其实的理工科高才生。当我拿起他这本书的书稿时，我心里其实是充满疑问的。因为我是文科生，且是研习教育学专业的，因此我深知《论语》这本经典著作看似文意浅显，其实句句微言大义。自古读《论语》、解《论语》的人，不知凡几，但难有新意。而且近百年来西风东渐，社会学、心理学、教育学、工商业知识技能等，已经成为显学。在这样的时代背景下，一本著作，既要体现《论语》的精华，又要让身处商业社会的读者有读下去的欲望，确实是很不容易的。

但是，细读彭先生的这本不太厚的书，我认为确有其难得的可读性和思想性。我看此书，最明显特点有三：

其一，将《论语》与生命实践结合起来。

这本书一开篇，作者就把自己的生命实践和《论语》紧密结合了起来。在讲到“丧纪有礼矣，而哀为本”这一段的时候，作者饱含深情，讲述了自己回湖北老家为祖父守灵的经历。他写到他的父亲按照老家传统仪式，骑在棺椁，以米水寄托哀思的情形，还有自己回忆起祖父生前为其讲故事的往事，感人至深。类似的精彩描述，在文中随处可见。从这些描述中，我看到一位有为学者，对自己民族文化的认知，不仅仅限于文字的理解上，而是将其落实在了“生命的不经意处”。我们知道，孔子所传的学问，最终一定要落实在生命的实践中。《论语》上讲“行有余力，则以学文”，正是此意。从这一点看，作者无疑是抓住了《论语》的核心内涵。

其二，尝试将《论语》与现代心理学连通起来。

随着社会的进步，心理学已经成为关注人身心健康的重要学说，而《论语》的内在价值也和安身立命有关，两者的内在有没有关联呢？在本书中，作者凭借其深厚的传统文化功底，结合自己对心理学及其延展领域的认识和理解，为读者讲述了蒙氏儿童教育和系统排列学说与儒家思想的内在关联。更为可贵的是，据我所知，早在该书成文之前，作者就致力于整合传统文化与现代心理学，并取得了阶段性成果。

其三，该书的立意和做学问的正途相符。

这本书的立意是希望更多的职场人士认真领悟《论语》，但是《论语》毕竟不是应用类书籍，不能简单地把《论语》中的文字和职场人士的所思所想直接关联起来。为了吸引读者，文章的立意就显得格外重要。作者认为读《论语》是为了让自己的生命境界有所提升，让自己能更好地了解人性，更好地发展自己，从而促进自己的职业发展，这非常符合古人所讲的“古之学者为己，今之学者为人”的深意。

综上所言，我乐见该文能启发读者思考生命的意义，帮助读者提升生命的境界，故欣然为之作序。

华中师范大学教授，博士生导师

董泽芳 董泽芳

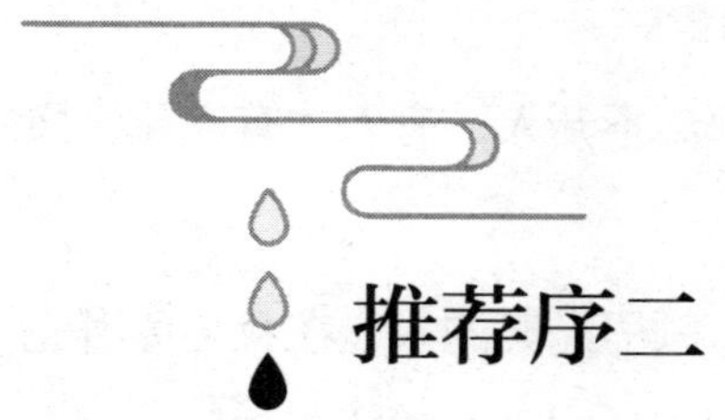

推荐序二

中国文化源远流长，像一条奔涌的大江延绵千年。在世界的古老文明中，长寿且到今天还好好“活着”的，中国文化是唯一的样本。“轴心时代”的诸子百家、雅典智者和佛陀先知们群星璀璨，照亮东方与西方的“夜空”，人类完成了第一次思维的大分工，在东方与西方“生长”出了完全不同的文明和智慧。

当看到彭湃先生所著的《〈论语〉中的商业智慧》一书时，我顿生一种穿越和撞击的眩晕感。《论语》是儒家的经典，而商业是西方文明的“成果”，要在《论语》中读出商业智慧，新奇、有趣！这样的阅读就像一段未知的旅程，让人兴奋。

儒家、道家和佛家在很大程度上影响着中国人的内心世界，都说入世学儒家，明道看道家，觉悟入佛家，其实文化并非悬浮在空中无法触碰的美丽幻影，它一定会体现为一个地域或民族集体的人格和共同的生活方式，中国人思考、说话、处事、为人的方式都深受儒家文化的影响。孔子之所以被尊为至圣先师，《论语》之所以被称为经典中的经典，就是因为他们拥有穿越时空的力量。今天，儒家的智慧仍能引导着我们去见自己、见天地、见众生，仍能让我们感到温暖与力量。

商业的本质是连接与交换，而这一切都离不开人，有人才有商业，懂人才能解码商业的秘密。

彭湃先生说自己是在商业中实践经典、领悟经典的人，在我与彭湃先生的交往中，他的现代意识、国际视野和深厚的国学底蕴让我印象深刻，他总能用最现代与最通俗的讲述让人领略中国传统文化中的美好和妙处。阅读《〈论语〉中的商业智慧》一书就是跟随彭湃先生去完成一次穿越与发现，彭湃先生在书中并不是要带着您通读《论语》，而是变成了您的向导或“私家侦探”，带领您在《论语》中发现和探查隐藏在古老东方智慧中的商业密码。“走完这段旅程”，您会有一种发现新知的满足感。

君子务本，本立而道生；知行合一；仁者不忧、知者不惑、勇者不惧；出门如见大宾，使民如承大祭；己所不欲，勿施于人；立德、立功、立言；礼、义、利；修、齐、治、平……这些您耳熟能详的儒家观念将被置换到充满不确定性的商业世界中，正因为《论语》被“拉”出了书斋，您才会有新的发现与体悟。如果您是一位创业者或经营者，熟悉的场景、生动的案例会让您仿佛置身商学院的课堂，但为您解惑的却是身着一袭长衫的先生，传授的是《论语》中的东方智慧，这是很妙的阅读体验；如果您是企业家或高管，那跳出西方商业传统的思维框架，用东方智慧重塑现代商业文明的文字，将会让您获得全新的审视商业、洞悉人性的视角。

今日之中国已经不可逆转地“嵌”入了全球化的体系中，中国已成为连接世界的枢纽。而在反全球化思潮、民族主义、民粹主义抬头的当下，在中国的传统文化中汲取“养料”，用全球思维与中国文化来和西方平等对话，为世界贡献中国智慧与中国方案，是中国在新时代的使命和课题。

阅读《〈论语〉中的商业智慧》一书总能启发我们的思考，让我们向更高智慧、更高境界不断探寻、精进，是为序。

著名新闻主持人，《行走的课堂》出品人

夏磊

2018年8月18于上海

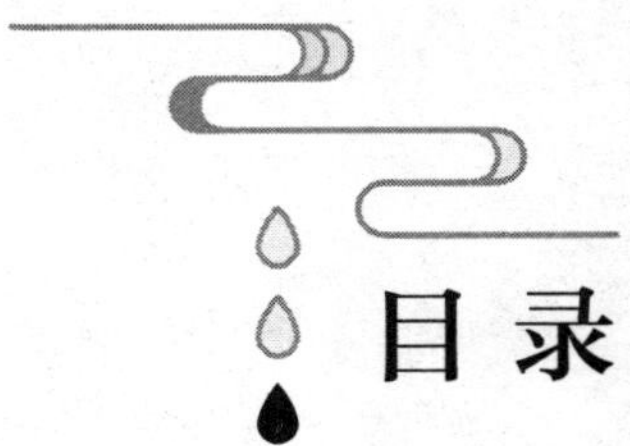

目录

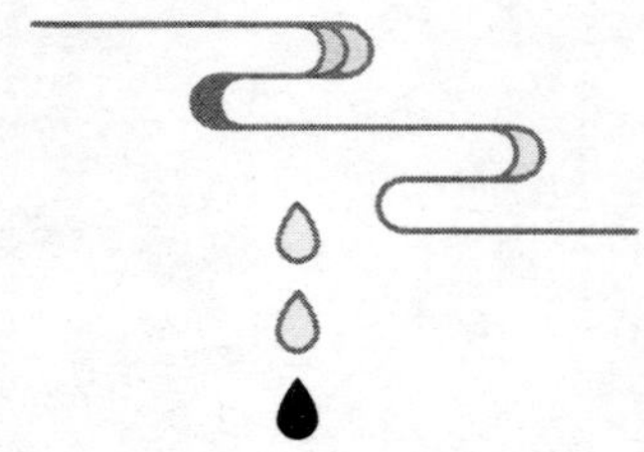

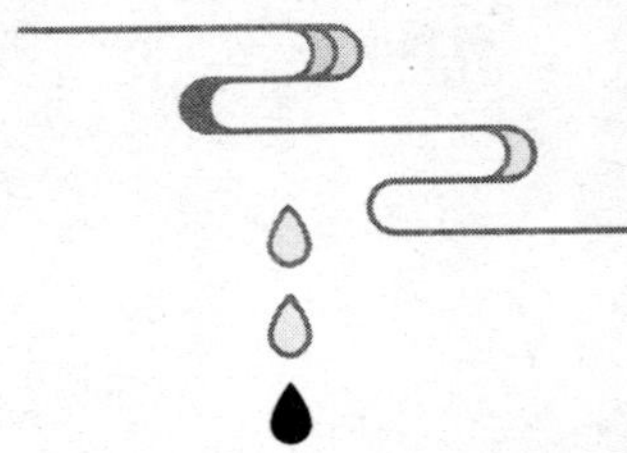

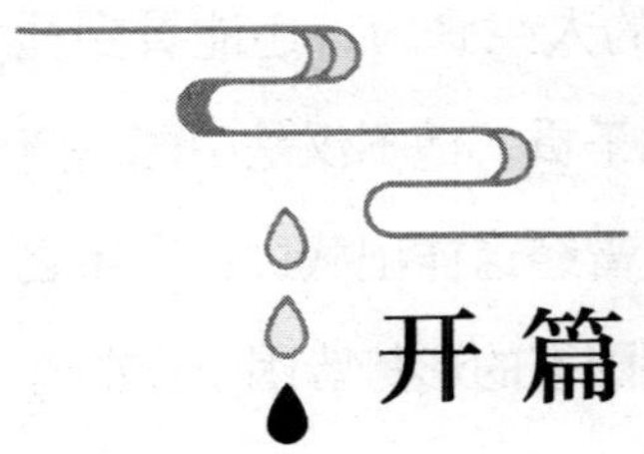

开篇

有本经典，叫作《论语》

首先澄清一下，本人姓彭名湃，虽然也从事过媒体工作，但和“澎湃新闻”没有关系。作为一名在商业中实践经典、领悟经典的人，我要和大家分享一本我们中国“经典中的经典”，我将从做事业的角度，告诉大家该如何理解这本经典中的精髓。当然，因为个人能力有限，所以我抱着分享为主的态度，与大家一起学习，还请大家多多指正。

我提到的这本经典，被王阳明、曾国藩等名人奉为人生至宝，也切实指导了他们治国平天下的功业历程。道家和武学界的高人，如武当张三丰真人、民国形意拳大师唐维禄先生，都讲过和这部经典相关的独到心得。这本经典，不仅直接指导了中国早期的商业活动，还直接影响了日本近代商业之父、一生创办了数百家企业的涩泽荣一先生的商业智慧与处世哲学。

这本经典，叫作《论语》。

在《论语》中，我们除了可以领略到孔子的人生修为，还能看到孔子的弟子们是何等的群星闪耀、高人云集，例如子贡，他不仅是中国儒商的始祖，还是一位天才的外交家，《史记》上就曾经这样记载过：十年之间，鲁国、齐国、吴国、晋国、越国这五个重要国家的形势皆因子贡的外交手段，而发生了重要变化。孔子的另外一位弟子子夏，则是帝王之师，跟随他学习的有魏国国君魏文侯、著名军事家吴起等，都是那个时代的雄才霸主。

《论语》为什么可以指导这么多闪烁着智慧之光的人，被他们视为瑰宝呢？《论语》是如何在事业及人生修行方面指导这些非凡人物的？我将从关于本心、回到自身、礼乐大用、孔子事迹、孔门弟子事迹等五个部分，和大家一起来探讨《论语》的深意。通过《〈论语〉中的商业智慧》这本书大家可以回答以下几个问题：第一，从在事业中修行的角度，我们该如何理解和体会《论语》这本书的精髓？第二，为什么说《论语》能帮助我们更好地理解人性、体会人性？第三，为什么说《论语》是东方心理学的经典，它是如何指导我们修炼心性、提升心理能量的？

最后，我想说的是，在这个充满了不确定性的年代，读《论语》可以让我们的内心充满温情和力量，让我们更好地应对外部世界的挑战。

第一章 关于本心

第 1 节　君子务本，六本为何

大家不要以为只有在寺庙、道观中吃斋念佛、打坐持咒才是修行。对于需要在人世间摸爬滚打的人来说，我们提倡在红尘中修行、在事业中修行。那么什么是在事业中修行？怎样在事业中修行呢?

在事业中修行，就是中国古人所讲的入世，即在人世间历练。在中国，最有资格讲这套学问的思想体系，显然就是儒家。所以，我们就从儒家学问中的一句话，“君子务本，本立而道生”谈起。

历史上曾有一本书，叫《孔子家语》。在《孔子家语》的六本第十五篇中，孔子很明确地提到了“六本”的概念。哪六个“本”呢？他是这样说的：

> 行己有六本焉，然后为君子也。立身有义矣，而孝为本；丧纪有礼矣，而哀为本；战阵有列矣，而勇为本；治政有理矣，而农为本；居国有道矣，而嗣为本；生财有时矣，而力为本。

下面，我们来一个一个解释这六个方面的“本”。

一、立身有义矣，而孝为本

尽孝不是一件容易的事，孔子的弟子子游曾经就孝道向孔子提问，在《论语·为政篇第二》的第七章有一段话，原文是这样的：

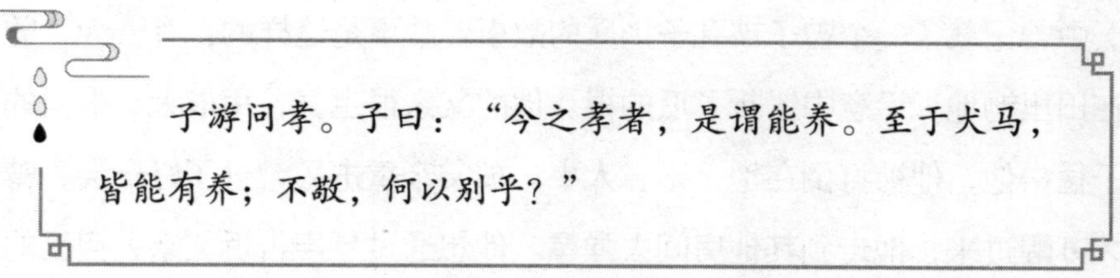

子游问孝。子曰："今之孝者，是谓能养。至于犬马，皆能有养；不敬，何以别乎？"

就是说，光提供生活资料，缺乏足够的敬意，那是在养狗、养马，不是真正尽孝。尽孝的重点是有敬意，古人说"孝当竭力，非徒养身"，意思是说只提供一些吃的、喝的或其他生活资料，那不是在尽孝。

可见，除内心要有敬意之外，尽孝还需要有外在的态度。在《论语·为政篇第二》的第八章中，孔子的另外一位弟子子夏也问什么是孝，原文是这样的：

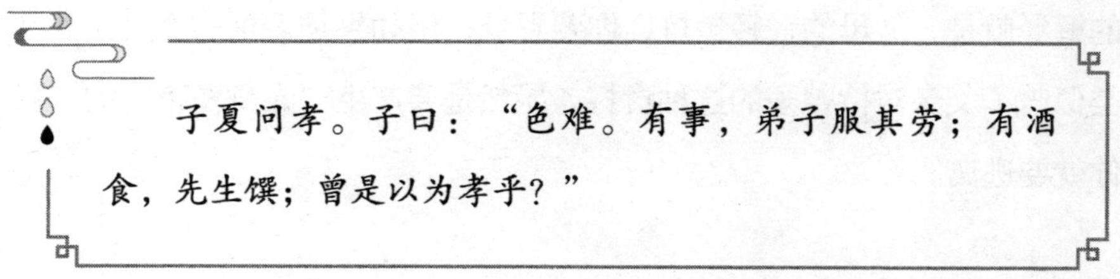

子夏问孝。子曰："色难。有事，弟子服其劳；有酒食，先生馔；曾是以为孝乎？"

按照国学大师钱穆先生的翻译，这段的意思大概是说，子夏问孔子什么是孝道，孔子回答说："难就难在子女的脸色上。若遇有事，由年幼的操劳；有了酒食，先让年长的来吃，这就是孝了吗？"

从孔子与子游、子夏的对话中我们可以得知，讲孝道、讲尽孝，首先要有敬，这是属于内心的；其次才要有表现出的态度和行为，这是属于外在的，而且，要内外一致，才是孝道。

除了要有敬意、要有态度上的表现，尽孝更需要讲智慧。《孔子家语》中曾记载了一个曾子被孔子训斥的故事。故事是这样的：有一天，曾子在田里锄地，无意中锄断了瓜的根。他的父亲很生气，用很大、很粗的棍子猛击他，他被打倒在地，不省人事。被父亲重击后，过了好一会，曾子才苏醒过来，他走到其他房间去弹琴。他想通过琴声告诉父亲，自己的身体还承受得住，没有什么大问题。曾子以为自己的行为是在尽孝。没想到，孔子听完之后训斥他道："你怎么能这样做呢？你不知道'小杖则受，大杖则走'的道理吗？你的父亲在盛怒之下，很有可能把你打伤，甚至打死，你的这种行为有可能会陷你的父亲于不义之地！"因为即使在春秋时代，击打自家的孩子导致受伤或死亡，也是要受国法制裁的。可见，一个人如果没有足够的智慧，也是不能真正尽孝的。

孔子在这里说的"小杖则受，大杖则走"，是很关键的一点，按照传统的解释就是，父母的轻轻责打，你要忍受；但如果是重重的责打，尤其是类似曾子父亲对待曾子的这种责打，显然是要产生"人身伤害"的，那么你就要逃离。

二、丧纪有礼矣，而哀为本

什么是哀为本呢？有过送葬经验的朋友都有亲身体会，那种内心的伤痛与哀伤是真实不虚的。有人说过，老人在世时，我们还能知道自己的来路；可在老人离开人世的刹那，我们这些在世的人，就只有渺茫不知的去路可言了。我自己也是到了40岁左右对此才有了切身的体会。

记得那是2012年，我祖父过世的前一天下午，我正在上海与一些朋友讲四书中的《大学》，记得那天我花了一个下午的时间与朋友谈论孝道的重要性。第二天大概凌晨三点多钟时，我做了一个梦，梦见祖父坐在老家的堂屋中，和我说了一段话。醒来后，我觉得不可思议，因为我从来就没有梦见过祖父。我心中觉得有些不安，但当时已经是夜里三点多了，也不方便发短信或打电话询问，我就想等天亮再说。结果，早上六点多钟，我就接到父亲的电话，说祖父已经过世了，让我赶紧搭乘最近一班车回老家奔丧。我回到老家时，祖父的遗体已经被安放在冰柜中了。老家的规矩是长孙要在老人家入土为安之前陪伴他一个晚上。当天夜里，祖屋的大门开着，我就跪在祖父的遗体前，整个晚上，脑海中全是祖父讲过的话，以及和他老人家一起看老版《三国演义》、喝茶聊天的情景。那种想哭又哭不出来、堵在心里、闷在心里的感受，至今我仍记忆犹新。

到了送葬的时候，按照老家的规矩，作为长子的父亲骑在棺椁上，在棺椁的正前方放一碗水，水中装着当地的稻米，在泪声中说："当年您一把米一碗水养我长大成人，现在我要一把米一碗水送您上路。"当我父亲说完这句话的时候，在场所有的亲友都深受触动，放声大哭起来。那一刹那，我从心里深深感受到儒家思想的伟大。儒家思想教育我们要慎终追远，要追思祖宗的恩德。

我一直坚信，一个民族、一个家庭、一个组织，只要有底线，能慎终追远，那么无论世事如何变迁，终能创造出一个美好的未来！

三、战阵有列矣，而勇为本

无论谋略多么高明，在战场上，两军相遇必然是勇者胜。当然，以当代的眼光来看，我们也可以说，生活本身就是一场战争，也要以勇为本。不论遇到多大的困难，我们终须勇敢面对。鲁迅不是也说过吗，“真的猛士敢于直面惨淡的人生”。在事业中修行的人，更要以勇为本。

四、治政有理矣，而农为本

在孔子生活的年代，农耕是治国之本，这点我们暂时不必多讲。

五、居国有道矣，而嗣为本

对于保证国家政权的稳定性而言，选好和培养好子嗣，也就是现在所说的培养二代接班人，是非常非常重要的。康熙皇帝培养了雍正和乾隆两位接班人，保证了清朝近百年的政权稳定和经济繁荣。关于这点，有兴趣的朋友可以看看一本名叫《康熙庭训教子格言》的书，里面辑录了康熙是如何教育他的后人的，这里我们就不展开讲了。

六、生财有时矣，而力为本

做事业的朋友都知道，不是我们规划了一切，一切就会按照我们美好的意愿去发生，老话总讲“大富由命，小富由勤”，孔子也讲“生财要讲时”，这里的“时”就是天时，就像这些年的天时明显向房地产业倾斜，所以做房地产就容易得到天时的助力。但是，请注意，孔子后面还说了，就算天时好，也还要以力为本，要认真出力，才能“尽人事，安天命”。

什么是以力为本呢？我们举一个“狮子搏物”的例子来说明。南怀瑾先生在他的著作中提到过什么是“狮子搏物”。 狮子碰到任何动物都很恭敬、很认真，无论是大的动物，还是小的动物，它都一样使出全部的力量，绝不放松，这就叫作“狮子搏物”。“狮子搏物”的精神，就很好地诠释了“以力为本”。

做到了以上“六本”，就能更好地在事业中修行。

第2节　本立而道生：知行合一以修身

中国儒家讲修身、齐家、治国平天下，按照逻辑顺序，显然，修身是实现后面一切内容的“本”。那么问题来了，什么是修身？怎样在事业中修身？在这一节中，我把修身分为两个层面的话题，跟大家一起来探讨一下。

修身可以分成两个层次，一个是从理上入门，一个是从事上入门。所谓从理上入门，就是先在理论上建立正确的认知，这属于古人所讲的知的范围；所谓从事上入门，就是先在实践中磨炼自身，这属于古人所讲的行的范围。这么一分解，大家就可以发现，从理上入门，讲的是知；从事上入门，讲的是行，合在一起，不就是明代王阳明所讲的“知行合一”吗？

一、知

我们先讲和知有关的内容。在《论语·季氏篇第十六》的第九章中，孔子曾经说过：

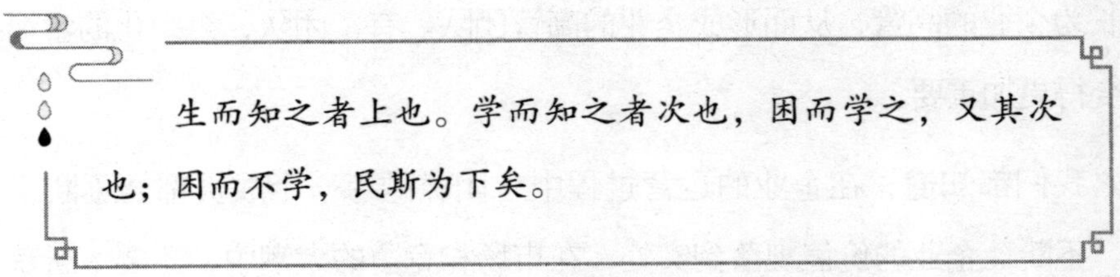

> 生而知之者上也。学而知之者次也，困而学之，又其次也；困而不学，民斯为下矣。

这段话在学术上有很多讲法，现在我们把它放在做事业的背景中，同时把企业看成是一个有生命的个体，来体会一下其中的深意。

1.生而知之

从创业的角度我们可以这么理解这句话，在企业建立之初，创始人就对企业的“生成”有一套自己的理念，并心心相系、时时挂念。这套理念就形成了企业的价值观，价值观又构建了企业的立业之本。一家企业，有了立业之本，就会吸引和它价值观相同或相似的人一起往前走。

生而知之的阶段很重要。假如一家企业在建立之初就出现了价值观的错误，那么未来的路是走不好的。

佛教经典《楞严经》上有句名言，“因地不真，果招迂曲”，说的是假如一个人的心念不正，修行的动机不正确，那么最终的结果也不会太好。从生命体的角度来看，生而知之对应的是企业创立的开始阶段，相当于人的幼年和儿童期。针对企业本身而言，生而知之对应的是企业的创始人。

2.学而知之

讲完了生而知之，我们来讲学而知之。企业在创立后，会不断有新人员进入，从而形成企业的第一批团队，这个团队的某些成员未来很有可能成长为企业的高管，从而形成企业的高管团队。有了团队，组织化的学习就变得更加重要。

我们都知道，在企业的运营过程中，团员的每一个成员都要不断学习，不断让企业的价值观落到实处，在市场和竞争的大潮中，还要不断获取经营反馈，并进一步修正企业的价值观。请注意，学而知之是带有主动性的行为，其最大的好处就是让企业和个人在与外部环境的互动中，不断得到调整和优化，从而让组织和个人始终保持活力。

从生命体的角度来看，学而知之对应的是企业的发展期，相当于人的青少年和成年早期。针对企业本身而言，学而知之对应的是企业早期的团队，或者说是早期的高管团队。

3.困而学之

在与外部环境的互动中，组织和个人如果变得不那么敏感、不那么主动了，那就可能要进入孔子所说的困而学之的阶段了。在这个阶段，企业和个人遇到的挑战非常大，事务可能千头万绪，难以厘清，是自救，还是引入“外脑”？是内部整合，还是与合作伙伴重新谈判？一旦进入困而学之阶段，组织或者个人就像久病之人，是先固本培元，还是先清理瘀滞？是保守治疗，还是马上进行手术处理？处处都是两难选项。

可大家别忘了，困而学之中还是讲到了“学”的，而“学”在汉字中的本意是“觉”，有觉悟、觉察之意。对于组织和个人，困局的出现往往是转折出现的前兆。这个时候，我们需要静下心来，敏锐地觉察出组织和个人的不足，仔细研判当前的局势，这样才有可能一点点走出困局，再开新篇。

从生命体的角度来看，困而学之对应的是企业的瓶颈期，相当于人心智成长过程中的转折期。对于企业而言，“困而学之”往往对应的是普遍存在的、遇到问题解决问题的员工行为模式。

二、行

简单讲完了和知有关的内容，我们一起来看看和行或事有关的内容。一家企业或者一个组织，每天都有许许多多的事务，我们把这些事务分为两种，一种是日常性事务，一种是挑战性事务。我们大部分的时间都在处理日常性事务，像HR需要做招聘、选用、培训、绩效考核等工作；市场人员需要规划市场发展策略、调查跟踪竞争对手动态、提出产品的市场定位等，这些都是日常性事务。而对于企业和个人来说，最难处理的是挑战性事务。所谓挑战性事务就是现在还没有现成答案，必须变革已有的行为和思维方式才能得以解决的事务。

处理挑战性事务，是没有先例可以参考的，也特别考验企业领导者的智慧。说到这里，我们提供《论语》中的一段文字，供面临挑战性事务的决策者参考。这段话来自《论语·子罕篇第九》的第四章。原文是这样写的：

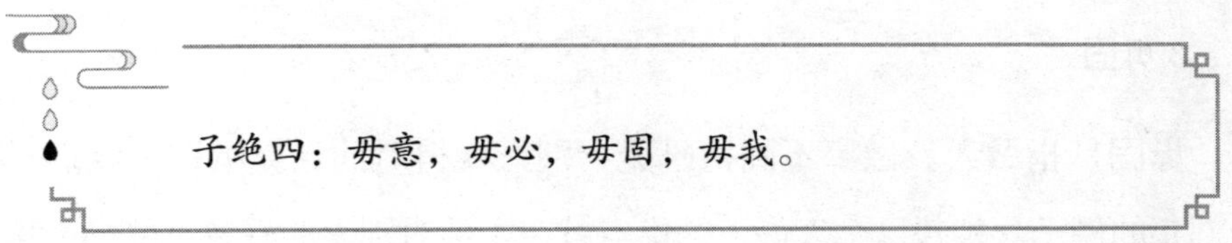

1.毋意

毋意就是不猜测、不臆测的意思。在企业中，沟通和决策都要根据客观事实来做，而不能是谁有权威、谁有权力，就谁说了算。很多企业的失败，都与领导者不站在一线、远离市场去做决策有关。我们可以看看凡客诚品创始人陈年自己的文章。文章中是这样说的："2011年，凡客最热闹时，公司里有一万三千多人，光总裁级的领导就有三四十位，凡客却步步陷入危机……现在回想起来，公司越热闹，烧钱混日子的人越多。凡客曾经为了达到年销售额100亿元的目标，倒推需要扩张多少品类、多少SKU（库存量单位），需要有多少人去承担这样的业务量。按照一个人管七个人的原则，公司就要有几十位副总、两三百位总监。那时，我自己也陶醉在这种热闹中，把所有精力都放在怎么管理这一万多人上，却不知道公司真正要管理的应该是价值。"

显然，正是离开了事实的决策才最终导致了凡客的失败。在这个案例中，我们可以看到毋意是多么的重要。

2.毋必

毋必是指没有一定要达到某个目标的期待，即使做计划，也会留有一定的弹性。企业运作的环境千变万化，需要保持足够的弹性，尤其是在重要的资源上，例如重要人才的培养和备份计划、重要物质资源的库存备份等，都应留有一定的弹性，这都是毋必的另外一种体现。

3.毋固

毋固是指做人、做事不固执己见，别人说得对的话就听取。我们举个刘邦的例子。刘邦这个人最大的优点就在于他对别人的好意见能马上接受，这一点很难得。《史记》中记载，有一次，项羽把刘邦围困在荥阳，此时韩信已经平定了齐国，却迟迟不发兵援助刘邦。不仅如此，韩信还派人来求见，要求刘邦封他为假王，假王虽不是真的王，但权力和真的王差不多。韩信的理由是齐国太大，不好管，而他本人只是相国，只有被封为假王，才能有足够的权威，才可以调兵遣将救援刘邦。刘邦气得破口大骂，可他骂到一半，手下谋士张良、陈平轻轻踢了他一下，他立即改口风："大丈夫定诸侯，即为真王耳，何以假为？"意思是当王就当真王，岂能当什么假王。他马上封韩信为齐王。通过这段记载，我们可以很真切地感受到刘邦在毋固这方面的厉害。

4.毋我

毋我，指做事的时候多替他人着想，不唯我独尊。这一点，普通人就更难做到了。林则徐说"苟利国家生死以，岂因祸福避趋之"，这种只为国家谋最大利益而将个人得失抛之脑后的精神，讲的就是孔子所说的毋我。一个组织，假如拥有很多有毋我精神的人，岂有不兴旺发达的道理？

最后，让我们总结一下这一节的要点。在事业中修行，首先要修身，修身需要做到知行合一，也要做到毋意、毋必、毋固、毋我。

第3节　本立而道生：理性和感性的完美结合

对于在事业中修行的人来说，修身的意义在于，它是一种结合了理性力量和感性力量的历练过程。说到理性，相信每一个在职场中打拼的人都不陌生。从小到大，我们上学、读书、求职、工作，都离不开理性的思考。我们会对某件事情做很多的设想，也会在逻辑上把它理得很顺，可为什么在实际操作中又往往走不通呢？这其中重要的原因之一，就在于理性力量和感性力量没有完美结合在一起。

我们常说，理性和感性的区别之一就在于，理性往往是负责“讲道理”的，而感性往往是负责“出效果”的。

关于道理和效果的关系，有句话说得很好，“有道理不如有效果重要”。在这一点上，企业的创始人，应该有深刻的体会。因为创始人的重要工作之一，就是让身边的人不仅听明白自己的意图，还要从心底被打动，从而产生持久的行动。这就需要理性和感性合一，只有这样才能产生巨大的力量。

在职场中，我们对别人讲话，尤其是一些重要的话，我们不仅想让对方听到，还想让对方听懂；不仅要让对方的“脑子”听到，还要让对方的

“心”也听到，这样对方才能有“心动”的可能，只有“心”动了，才能真正“出效果”。我们脑子听到的往往是理性层面的道理，而我们的心听到的更多是感性层面的意愿和感觉。中国人常讲一句话，“口服心服”，口服多半是理性层面的，心服多半是感性层面的，这句老话其实就是理性与感性关系的另外一种表达。

我们知道，要让一个人行动起来不是一件容易的事。在理性层面，我们可以给出很多逻辑清晰的分析，但真正让他行动起来的理由，尤其是关键的理由，往往越简单越好。这就特别需要我们把不容易说清楚的事情图像化、具象化。

举例来说，当年从苏联学习回来的人，对于如何发动群众有很多分析和论断，但到了真正需要发动群众时，这些理论和论断真的不如毛主席提倡的“打土豪、分田地”这一句话有力量。这句话以最简单的六个字，将中国农民特别熟悉的场景，以及特别渴望的生活图像化、具象化地表达出来，这是一种极其高明的做法。

当然，这种做法就是深刻的理性思考和动人心魄的感性表达结合在一起的结果。所以，我们常说把一件事情说清楚不容易，但要让听的人真正产生动力来完成这件事情更加不容易。因为说清楚，靠的是理性的力量；而把人发动起来且持久地发动起来，就需要靠感性的力量。

中国儒家所讲的修身，恰恰就是理性和感性结合的过程。下面，我们就结合儒家思想与《论语》来谈谈我对这方面的思考。仔细体会一下儒家的思想脉络，我们就会发现，儒家思想非常高明，它把感性和理性的认知，与我们出生之后的环境感知结合了起来。

为了说明这一点，我们来看看《论语·学而篇第一》第二章中的一段话：

> 有子曰："其为人也孝弟，而好犯上者，鲜矣。不好犯上，而好作乱者，未之有也。君子务本，本立而道生。孝弟也者，其为仁之本与？"

这里提到的"孝弟"讲的是什么呢？是感性，也是感情的投入与交流。我们都很怀念儿时的快乐，被父母背着上学、带着逛公园，与兄弟姐妹一起玩泥巴、打弹弓、抓小虫等情景时常浮现在我们的脑海中。我们与父母、兄弟姐妹之间，是充满了关爱与被关爱的温情的。若一个人想起自己的小时候真的有很多感情和回忆，那么，"孝弟"就不会只是冷冰冰的两个字，而是一个个鲜活的、带有温度的回忆。

"孝弟"这个概念，是从天然的亲情开始的，但同时也显然和教育有关，因为儿童都需要年长的父兄们来教育。中国人有一句话，叫"言传身教"，我们不妨多想一想，这句话里面就有与理性和感性相关的内涵。

言传，是以言语为载体的教育，内容一定更多的是知识、道理，这多半属于理性方面的认知；而身教，是指儿童会效仿父母的行为，这里面涉及的更多是关于感性方面的认知。

我们可以这样说，儒家利用家庭和亲情"创造"出了"孝弟"这么一个结合了理性和感性内涵的概念，真是极其高明的做法。

说完了“孝弟”和理性、感性的关系，下面我们再回来继续讲修身与知行合一的关系。

我们以前讲过，修身包含知和行两条路。知，更多强调的是理性力量，真正从理论体系上弄清楚了，人才能够产生信心；行，更多强调的是感性力量，人将行动后获得的经验与理性层面的理论相比较，得到验证后，方能产生另外一个层面的信心，理性力量与感性力量结合，在反复确认、反复验证后，信心随之增强。有人理性力量强一些，先从知上进入；有人感性力量强一些，先从行上进入，但不管是哪一种，最后都要合一，知与行一定要结合，理性力量和感性力量一定要结合，这样的修身，才能爆发出真正持久的力量。

为了更好地说明修身所产生的力量，我举一个例子。我曾经拜访过一位朋友，他曾是一家IT企业的省级总代理，后来受南怀瑾先生的影响，办了一所私立学校，到现在大概有二十年了。他给我讲过一个发生在他身上的真实故事。他说自己曾经对文化完全没有兴趣，在一九九二年的时候，他公司每年的营业额就有几亿元了，这在当时算是非常有钱的了。

一九九六年，一次偶然的机会，他受朋友之邀，在香港参加了一次南怀瑾先生的饭局。当时正是春节期间，大家约好正月初一晚上吃饭。他回忆说，当时自己踌躇了半天，要不要给包红包呢？因为按照香港的规矩，这个时候是要包红包的，尤其是见长辈，给红包表示敬意。可是对于南先生这样的高人，给红包好像很俗，不给吧，又不符合礼仪。想来想去，他一咬牙还是包了一个大红包。可是让他意外的是，老爷子一见到他，一把就把红包接过来，然后招呼他坐下吃饭。吃到最后，老人家一拱手说：“谢谢诸位来看我啊，按照香港的规矩，我要送给大家一个红包。”然后老人家请秘书给每一个出席饭局的人发一个大红包。原来老人家请人把红包拆了，钱原样不动又重新包了一下，送还给大家。当时他就服了，这个才叫有文化。所有人都圆满了，既没有破规矩，又没有让人有疏离感，老人家还没有收钱。那一刹那，他领略了中国文化的另外一层深意。他自己后来体会到，没有文化的滋养，想把事业做长久，很难很难。

修身，是知行合一的学问，是一种结合了理性力量和感性力量的历练过程。只有将理性力量和感性力量结合得好的人，才能让人“口服心也服”，才能更好地在事业中修行。

第 4 节 真正强大的内心：仁者不忧、知者不惑、勇者不惧

在前几节中，我们讲到了如何做到本立而道生，讲了在事业中修行的时候，要做到理性和感性合一，还讲了在面临挑战性事务的时候，尤其要注意学习孔子讲的“四毋”，即毋意、毋必、毋固、毋我。理上虽然这么说，可大部分的时候我们总是在一种状态中徘徊，这种状态叫作“看得破，忍不过，想得到，做不来”。这是为什么呢？因为要做到以上这些，背后还需要一个“本”来支撑。这个“本”就是我们强大的内心。曾国藩曾说，“事业看精神，功名看器宇”，其实精神也好，器宇也好，背后都靠心力在支撑。

现在我就从《论语》帮助我们在事业中修行的角度，与大家分享一个主题——什么是真正的强大以及如何练就强大的内心。

我们常说，成就事业的决定性因素，不是策略，不是谋划，更不是算计，而是一颗极其坚强的心、一颗广博无边的心。上天要成就一个人，就必定会“赐予”他一定的磨难，“能经天磨方好汉”，讲的就是这个道理。

孔子，作为中国传统社会中高尚人格的集大成者，他的人生经历了诸多上天“赐予”的磨难。在《论语·子罕篇第九》的第六章、第七章曾经有这样一段记载：

> 大宰问于子贡曰：“夫子圣者与？何其多能也！”子贡曰：“固天纵之将圣，又多能也。”
>
> 子闻之，曰：“大宰知我乎！吾少也贱，故多能鄙事。君子多乎哉？不多也。”
>
> 牢曰：“子云：‘吾不试，故艺。’”

这段文字中，孔子讲出了一个基本事实，“吾少也贱，故多能鄙事”，孔子说自己从少年时候开始就贫贱，这是真话、大实话。在他少年之时，父母双亲先后离开了人世，这就迫使孔子只能依靠自己的力量走出艰难困苦。孔子一生的境遇可谓凄惨，他是真正从底层走出来的圣者。

既然孔子是圣者，那么我们自然就可以这样来理解《论语》：《论语》这本书，是根据这样一位具备强大内心的圣者的言谈辑录而成的，由此可见，我们从这样一本经典中找寻什么是真正强大的内心，是有一定的合理性的。

关于什么是真正的强大，《论语》中是有一些隐含标准的。这个标准就是古人所说的“三达德”，就是智、仁、勇。这个标准在《论语》中出现过两次，第一次出现在《论语·子罕篇第九》的第二十九章，原文是这样写的：

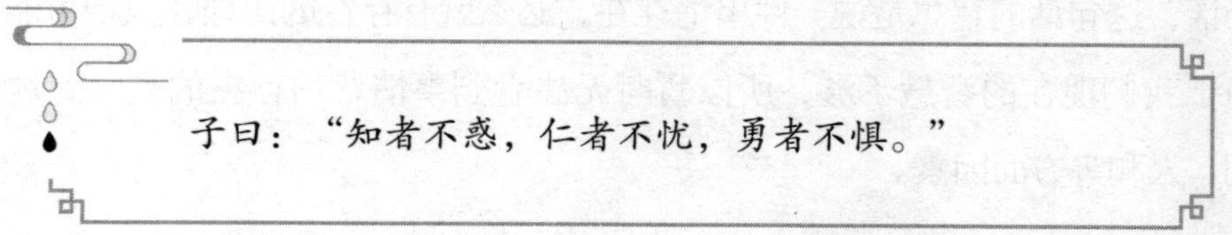
子曰：“知者不惑，仁者不忧，勇者不惧。”

第二次出现在《论语·宪问篇第十四》的第二十八章。大家可以抽空看看原文，一定会有很深的体会。

一、仁者不忧

关于如何做到仁者不忧，儒家还有句话说得非常好，“廓然大公，物来则应”，讲的是事情来了我们就要去面对、去应对，不逃避、不担忧，应对的时候不去想未来可能会发生什么，集中注意力在应对的事情上，这其实就是时下所讲的“活在当下”的内涵。要知道，每个人的心力都是一种很稀缺的“资源”，我们不能将这种“资源”浪费在忧虑这种常常带有负能量的思维模式上。如果我们能做到“廓然大公，物来则应”，能做到处处心安、时时心安，那么做事业的时候，我们就能拥有巨大的心理能量，路就会越走越宽广。

二、知者不惑

简单讲完仁者不忧，我们来谈谈知者不惑。这里的“知”和智慧的“智”是同一个意思。事业的历练过程中很容易出现令人困惑的地方。比如说，为什么我这么努力，却得不到大家的认同？为什么我设计的产品和服务，叫好却不叫座？为什么我这么用心地和团队沟通，可到了关键时刻，团队却弃我而去……其实，这正应了“天下有一事，必有一理”这句老话，这句话的意思是说一件事情存在，必然就有存在的道理，只是可能由于我们现在的智慧不够，所以暂时无法看到事情背后存在的天时、地利、人和等方面因素。

三、勇者不惧

勇者不惧讲的是，一个真正平实坦荡的人，其人生就没有什么可恐惧的，更不用在乎外界的评价。我们再以《论语·宪问篇第十四》第四章的一段话来做补充。原文是这样的：

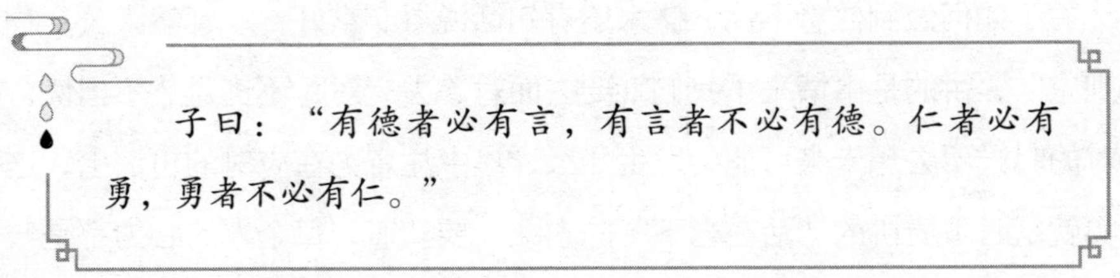

子曰：“有德者必有言，有言者不必有德。仁者必有勇，勇者不必有仁。”

按照孔子的说法，一个仁者一定有大勇的精神，而一个勇者，不一定就是仁者。孔子所讲的“勇”可不是动不动就拔刀相向的好勇斗狠。在《孟子·公孙丑上》中有一句话可以很好地解释孔子所讲的大勇。这句话是这样说的：

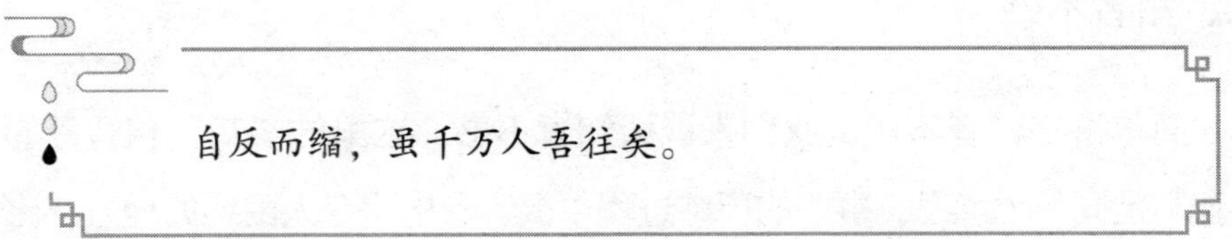

自反而缩，虽千万人吾往矣。

就是说，要反省自己，如果觉得自己有理、觉得自己是正义或正确的一方，那么纵然面对千万人，也要勇往直前。孟子还有一句名言，“富贵不能淫，贫贱不能移，威武不能屈”，讲的也是这种大勇精神。

为了让大家更形象地理解什么是强大的内心，我们来讲一个南怀瑾先生的真实故事。南先生刚到台湾的时候，家庭经济很紧张。有一次，他穿着长衫去菜场买菜。大家都知道，一般的读书人碍于面子，不会穿着长衫去菜场这种地方。买菜的时候，他一看菜摊前还有一些人家觉得不新鲜，但是还能吃的菜叶子，也就一起买了。买完菜，他往家走的时候，后面有辆车跟了上来，有人跳下来就打招呼：“这不是南老师吗？”南先生回头一看，眼前的这位是他曾教过的学生，这位学生后来做了官。这次偶遇后没过多久，这位学生就请南老师去讲课，很多人很好奇，问他为什么请南先生来讲课。他这样说：“第一，有文化之人，穿长衫去买菜，而且买了很多菜叶子，我没见过；第二，南先生一见到我，表现得非常自然，让我深受触动。一般人在自己穷困的时候，最害怕见到故人，尤其眼前这位故人现在似乎还飞黄腾达了。因此南先生表现出的自然，正是他收发自如、心境如一的体现，真的很不简单。”

南先生的这些举止，正应了《中庸》中的一句话，“君子素其位而行，不愿乎其外。素富贵，行乎富贵；素贫贱，行乎贫贱”。这句话的意思是说，君子会安于现在所处的地位，去做应做的事情，而无非分之想；处于富贵的地位，就做富贵人应做的事；处于贫贱的状况，就做贫贱人应做的事。一个人若能随时“素位而行”，那就真的够资格说自己“尽人事”了，剩下的便可安心“听天命”。

第5节 自我定位与自我管理，有助练就强大内心

接下来，我们来讲一讲如何练就强大的内心。我通过对《论语》的解读，结合自己的人生经验，在《论语》中发现了一条暗含的主线，可以概括为两个与自我相关的主题和一种思维模式。具体来说，两个与自我相关的主题分别是高度清晰的自我定位和高度自觉的自我管理；一种思维模式就是《论语》中常提到的“不怨天尤人”的思维。下面，我结合《论语》为大家一一讲述。

一、高度清晰的自我定位

在《论语·为政篇第二》的第四章，我们可以看到这样一段文字：

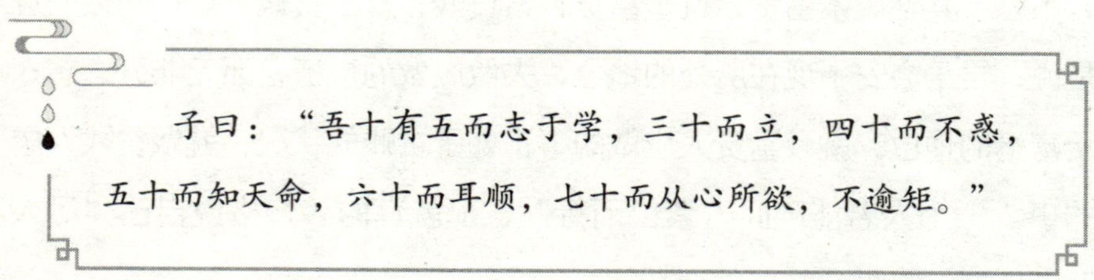

子曰：“吾十有五而志于学，三十而立，四十而不惑，五十而知天命，六十而耳顺，七十而从心所欲，不逾矩。”

这段话显然是孔子晚年对自己一生的总结。和产品需要准确的市场定位一样，人生也需要定位，孔子自十五岁之后，就没有离开过“学”这个

定位。教学相长就是他的人生志趣，正所谓“悦于学而乐于教”。

在《论语·述而篇第七》的第三十四章，孔子也说过：

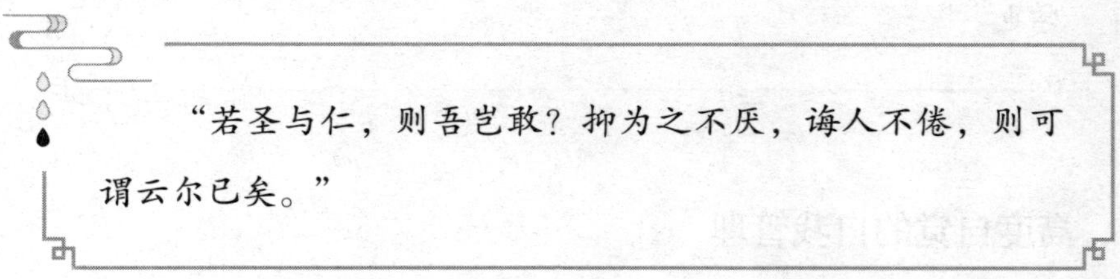

“若圣与仁，则吾岂敢？抑为之不厌，诲人不倦，则可谓云尔已矣。”

他说自己不认为自己是圣人和仁者，只是一辈子朝着这个方向前进而没有厌倦过罢了。他的学生公西华听了就说：“老师啊！这正是我们做学生的一辈子也无法学到的地方。”

其实，我们深入思考一下这段文字，就会发现，孔子在这里所展示的正是圣人和仁者的境界。

“为之不厌”，说起来容易，但假如不是心中有定见而不为外界所动摇，怕是很难做到的。只有保持不厌倦的心态，我们才能做到儒家说的“日新又新”，才能把每一天当成新的开始，每一天都把自己清空。我想，做任何事业，都需要这样“为之不厌”的心态吧。

在这段文字中，孔子还讲到了“诲人不倦”，这也值得我们一再品味。现在很多书籍、论文中都提到创业者、职业经理人要学会当老师。老师的重要职能之一就是沟通，可以想一想，在日常工作中，同事、合作伙伴、客户与我们沟通或向我们提问的时候，我们能不能做到“为之不厌，诲人不倦”？孔子显然是做到了这一点的，所以，在《论语·公冶长篇第五》的第二十八章，才有这样的文字：

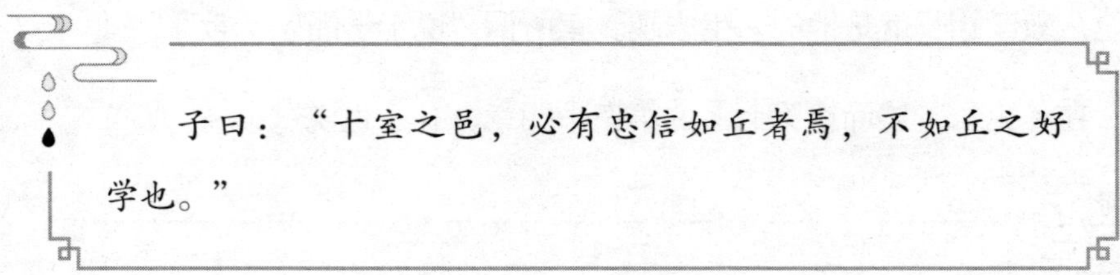

子曰：“十室之邑，必有忠信如丘者焉，不如丘之好学也。”

二、高度自觉的自我管理

有了清晰的自我定位，还需要高度自觉的自我管理。让我们再来看一段《论语》中的文字。在《论语·季氏篇第十六》的第七章中，孔子曾说：

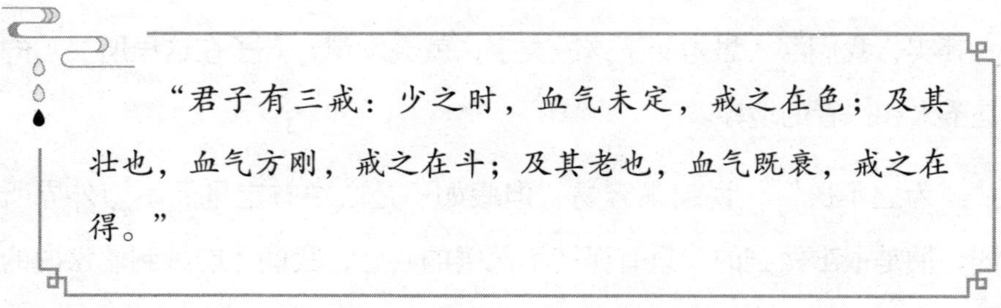

“君子有三戒：少之时，血气未定，戒之在色；及其壮也，血气方刚，戒之在斗；及其老也，血气既衰，戒之在得。”

针对人生的三个年龄段，孔子提出了三个应该注意的方面。我们从在事业中修行的角度，重点讲一下“戒之在斗”和“戒之在得”。

先来说“戒之在斗”。有些人在职场中遇见了事业上的竞争者，不是想着积极提升自己，而是处处给人“使绊子”，以使自己获得更多的资源，这种行为在职场中并不鲜见。

不仅个人要注意“戒之在斗”，企业其实更需要注意。在高速发展期，由于各种利益关系，很多企业动不动就和同行“斗气”，像当年的3Q

大战、美的与九阳的促销人员发生直接肢体冲突等。对照《论语》来看，我们是不是应该更多地自我警醒呢？

从做事业的角度来看，“戒之在得”同样适用于“人生已经有所得”的职业人士。很多人在刚刚创业的时候，生龙活虎、精神抖擞，可一旦企业有所成，哪怕只是小成，就开始沉迷于已获得的成就中，到处宣扬自己的奋斗史、成功经验，缺乏继续提升自己和企业的动力，做很多远离企业运营本质的事情。当年的搜狐以及我们曾经举例过的凡客，都是如此。

自我管理，除了和上文提到的注意事项有关，还和一个人内心的自我期许、待人处事的态度有关，我们也可以在《论语》中看到相关的内容。

例如，在《论语·雍也篇第六》的第二章，有这样一段记载：

> 仲弓问子桑伯子，子曰：“可也简。”仲弓曰：“居敬而行简，以临其民，不亦可乎？居简而行简，无乃大简乎？”子曰：“雍之言然。”

这段话讲的是孔子的弟子冉雍（字仲弓），来问孔子对于子桑伯子的看法。这位子桑伯子，在《庄子》中也曾经出现过。在这里，孔子对他的评价是一个字，“简”，就是近乎豁达的意思。豁达的人容易出现一种问题，就是在很多时候，对人、对事显得漫不经心。

冉雍认为，一个人处于高位，待人处事要有敬重之心，那么下面的事情自然可以简化。这就是所谓的“居敬而行简，以临其民”。假如这个人心里没有充分尊重、重视一件事情，那么他在处理这件事情的时候就很可能会出一些乱子。

讲到自我管理，我们顺便讲一个《史记》中的故事，让大家看看一个人的自我管理达到一定程度之后，会有什么样的效果。

这个故事出自《史记·汲郑列传第六十》，原文是这样写的：

大将军青侍中，上踞厕而视之。丞相弘燕见，上或时不冠。至如黯见，上不冠不见也。上尝坐武帐中，黯前奏事，上不冠，望见黯，避帐中，使人可其奏。其见敬礼如此。

这个故事讲的是，大将军卫青伺候汉武帝的时候，汉武帝可以蹲在厕所中看着卫青；汉武帝召见公孙弘，有时连帽子都不戴；唯独汲黯求见时，汉武帝不戴帽子是不敢来见他的。还有一次，汉武帝在帐中坐着，汲黯前来奏事，这时汉武帝并没有戴帽子，于是赶忙躲进帐中，派人出来准了汲黯的奏议。他内心对汲黯的尊重，竟能达到如此程度。

从这里我们可以看出，一个人的人品到了真正高尚、正直的时候，谁都会尊敬他。

三、“不怨天尤人”的思维模式

在《论语·宪问篇第十四》的第三十五章，有这样一段话：

子曰："莫我知也夫！"子贡曰："何为其莫知子也？"子曰："不怨天，不尤人，下学而上达。知我者其天乎！"

孔子感叹天下没有人了解他，他的弟子子贡听见就说："老师啊，怎会没人了解你呢？"孔子说："我不埋怨天，也不责备人，下学礼乐而上达天命，了解我的只有天吧。"结合孔子的人生经历，从这段话的描述中，我们不难看出，一个人，不怨天，不尤人，处处心安，时时心安，方能练就强大的内心。

第6节　领导者的修为：出门如见大宾，使民如承大祭

针对入世做事业，孔子的弟子曾子，曾经讲过一句至理名言，“用师者王，用友者霸，用徒者亡”。意思是说，一个人，假如能找到能力、德行都足以做自己老师的人来襄助，就可以让自己的事业做到“王天下”，让人心服口服；假如找到能力和德行足以做自己朋友的人，与自己共创事业，就可以成就霸业；假如只能找到德行、能力都不如自己的人来合作，那最终必然会失败。在职场中也经常能看到此类现象，我们给它起了个很形象的名字，叫“俄罗斯套娃”，一个大娃娃，套着小娃娃，里面的娃娃越来越小，同样的，上级找不如自己的下属，那么下属呢，再找不如他自己的下属，一路这么下去，到最后，与市场、客户直接接触的一线员工的能力就非常差了，这样肯定会导致事业的失败。

在中国的历史上，商朝的开创者商汤请到伊尹，周文王请到了姜尚，这些都是“用师者王”的典范；而刘邦用张良，刘备用诸葛亮，是“用友者霸”的代表。

“用师者王，用友者霸，用徒者亡”，这是做事业、做领导者的大原则。接下来，我和大家一起探讨一下《论语》中讲到的做事业、做领导者的一些内容。

在《论语·颜渊篇第十二》的第二章，有这样一段话：

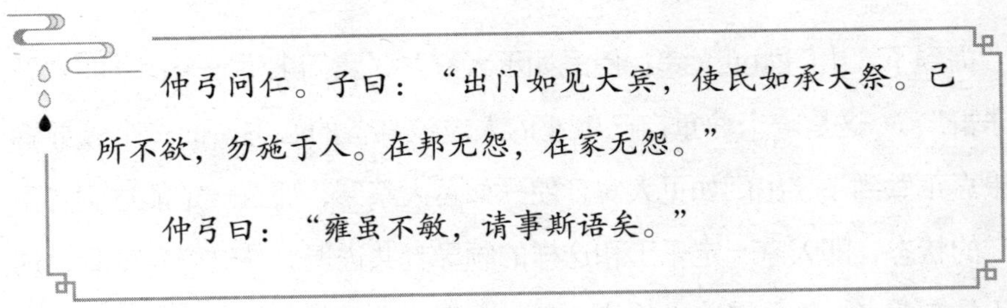

> 仲弓问仁。子曰：“出门如见大宾，使民如承大祭。己所不欲，勿施于人。在邦无怨，在家无怨。”
>
> 仲弓曰：“雍虽不敏，请事斯语矣。”

这一段中出现了一些非常重要的语句，如“出门如见大宾，使民如承大祭”“己所不欲，勿施于人”等。针对这段文字，我们一起来分析一下，做领导者需要注意的地方。

一、自重重人

什么是自重重人？简单来说，就是尊重自己、尊重他人。

首先我们需要了解“出门如见大宾，使民如承大祭”与自重重人的关系。“出门如见大宾”的意思是，出门办事的时候，我们要像会见重要的宾客一样，衣冠得体、礼仪适当，在外对人要恭敬有礼，不看不起任何人，将每一个人当成贵宾来看待，尊重每一个人。

《论语》中也有一句话叫“君子不重则不威”，意思是说只有自己敬重自己，才能让自己有足够的威严。

“使民如承大祭”的意思是说，为大家做事的时候，要像参加祭祀一样，有担负责任的态度，有诚敬之意，这样才能把一件事情做好。在孔子生活的年代，祭祀是非常重要的事情。在祭祀之前，有一整套的流程要准备，参加祭祀之人要斋戒、沐浴、独处，就像人要进入教堂、寺庙、道观一样，心中充满了诚敬尊重之情。

提到了“出门如见大宾，使民如承大祭”，我们来讲一个词，叫“敬业乐群”。这是一个尊重自己事业的人应该具备的心态，而一个领导者如果真正做到了“出门如见大宾，使民如承大祭”，那么一定能达到“乐群”的状态，即大家一定乐于和这样的领导者共进退。从这个角度看，这不正是创业者、领导者追求的状态吗？中国人常讲“士为知己者死”，假如领导者有这样的修为，何愁无人跟随？何愁事业不兴旺发达？

20世纪90年代，友邦保险有限公司（AIA）在上海成立，当时公司从台湾请了一位负责人。这位负责人上任没多久，大家就发现他有几个很有意思的习惯。

一是任何同事，只要觉得有急事、难事，可以随时找他，不必非得提前预约。在会谈中，所有的电话都不能被接进他的办公室，以至于当时有人戏言，会谈中除非公司有火灾或者重大事故，否则任何电话包括美国总裁的电话，也别想打进来。我后来当面询问过这位负责人，请他讲讲为什么会有这样的习惯。他的回答是：“那是同事与我谈事的时间，我希望充分尊重彼此的时间，提高沟通效率，以达到令人满意的沟通效果；另外，更重要的是，我不希望参与会谈的同事，看到我几次三番接听电话或者有人进进出出，那样会让他们感觉自己被忽视。”

二是任何同事，在进入这位负责人办公室的时候，这位负责人都会亲自倒一杯温水，让他先喝口水。这么做不是为了让他解渴，而是让他放松心情，以便更好地进入沟通状态，因为一个人尤其是级别不那么高的人，在进入公司负责人的办公室时，都会觉得局促、不安。

三是他的办公室中始终准备着一个纸巾盒。因为保险销售人员的压力非常大，大部分人找他都是来诉苦的，尤其是很多女性保险销售人员，有时甚至会哭诉，提前准备好纸巾，可以让她们尽量放松自己，必要时不用到处找纸巾。

大家知道，在20世纪90年代的上海，保险行业鱼龙混杂，大部分从业者由于各种原因，常常会被客户拒绝，甚至被斥骂，而回到公司还要被其主管领导毫不留情地当面斥责。所以很多从业者的压力都是很大的。而正是这位负责人看似简单，其实有着深厚人文内涵的管理习惯，让公司的这些销售人员有非常强的归属感，以至于在他离开这家公司十年之后，还有不少他当年的下属，在遇到职业方面的难题时，来向他请教。

二、自重与做事谨慎

在职场中，我们可以看到，不少领导者缺乏“出门如见大宾，使民如承大祭”这样自重的修养与诚恳的心态，最终导致公司经营出现问题甚至失败。

一个人，只有真正有了社会体验，尤其是有了创业体验之后，才会更加了解“诸葛一生唯谨慎”、曾国藩“如履薄冰，战战兢兢”背后的含义。这种“出门如见大宾，使民如承大祭”的心态，不是让人束手束脚，而是要我们保持“狮子搏物”的精神，这样才能使自己和团队成功应对外面世界的风风雨雨。

我希望大家都能够具备“出门如见大宾，使民如承大祭”的心态和修养，培养良好的做事习惯，让自己的事业之路、人生之路更加顺畅！

第7节　尊重人际界限：己所不欲，勿施于人

接下来我继续与大家从做事业的角度来体会《论语》的内涵。

一、己所不欲，勿施于人

己所不欲，勿施于人，看似简单，但是在日常工作和生活中，我们很容易把它整反了，变成了“己所欲，施于人”。我们自己认为是好的、对我们有价值的理念，就会觉得别人也会认为是好的、有价值的。

那么，为什么会出现“己所欲、施于人”呢？因为人都有一种集体性的潜意识，我们认为某种观点、某种价值观是对的，就会希望别人也这么认为，希望别人也能有同样的领悟。

这样的想法本身并没有错，但我们还需要再往前进一步，才能达到孔子“己所不欲，勿施于人”的境界。我们经常提醒自己“我不愿意的，别人也不愿意”，但却常常陷入“我愿意的，别人也要愿意”的误区中。

正确理解这一点，才能真正尊重彼此的心理需要，同时这也正是现代心理学强调的人际界限的另外一种表述。

传销最可怕的地方，就在于它把“己所欲、施于人”推向了极致，

传销者坚持认为旁人一定要认同他们的价值观，否则，就要被迫去接受洗脑、被迫去认同。

讲到这里，我给大家讲个故事。二十几年前，我有一个来自四川的朋友，当时他居住在上海，每天需要坐轮渡往返于黄浦江两岸。有一天，他上了轮渡后突然感到内急，可当时轮渡上是没有厕所的。他就对开船的师傅说："您刚放好缆绳，现在船还没有开动，我要先上岸去下厕所。"开船的师傅好心提醒他："这样太危险，反正轮渡时间很短，你稍微忍一下，到了对岸再去厕所吧。"师傅这番话还没说完，他已经一个箭步跳上岸了。开船的师傅就冲着他吼开了。我这位朋友当时很冷静地回了一句："你又不是我，我尿急又不是你尿急，你怎么知道我能忍到对岸呢？"对方立马无语。话糙理不糙呀，很多时候我们是替别人"尿急"，或者认为自己可以这样，别人当然也可以。很多人性的冲突不就是这样开始的吗？

二、在邦无怨，在家无怨

先回顾一下上一节中出现的《论语·颜渊篇第十二》第二章中的一段话：

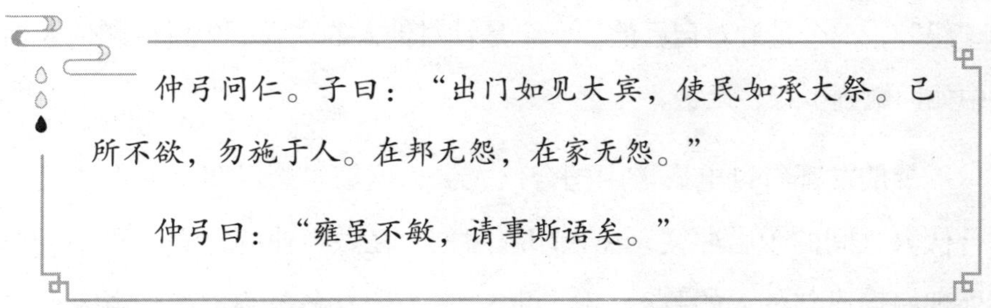

仲弓问仁。子曰："出门如见大宾，使民如承大祭。己所不欲，勿施于人。在邦无怨，在家无怨。"

仲弓曰："雍虽不敏，请事斯语矣。"

前面讲过了“出门如见大宾，使民如承大祭”和“己所不欲，勿施于人”，现在我们来讲“在邦无怨，在家无怨”。我认为，这两句话对于做事业的朋友来说是特别需要深入体会和实践的地方。

因为这里面隐含了两个需要特别注意的问题。这两个问题即使放到我们这个时代，也同样是大问题。

第一个问题是关于“怨”的问题。这些年来，陆续有一些和“情感能量层级”有关的理念被提了出来。对比“能量层级”的图表，我们会发现，怨和自责、恐惧等情感有很大关系。下文中我们将借用现代人熟悉的语境，分析一下如何做到少怨、无怨，让自己的人生和事业之路走得顺利一些。

第二个问题是怎么处理“邦”与“家”关系的问题。在孔子生活的年代，“邦”可以说是一个士人施展自己政治理想、治国本领的地方。从做事业的角度来看，不妨把“邦”当作自己的事业“领地”，试想一下，我们在自己的“邦”和自己的“家”中，怎样可以做到无怨，怎样才可以平衡好事业和家庭的关系呢？

1.与他人相处少怨、无怨

“在邦无怨，在家无怨”，这里面的“怨”，其实包含两个不同角度的“怨”，一个是针对自己的，一个是针对他人的。我们先讲讲和他人相处中如何做到少怨、无怨。

不少朋友都看过电影《中国合伙人》，这部电影以写实的手法呈现了合伙人之间的矛盾冲突，让人印象深刻。在做事业的过程中我们更需要处理好自己与他人的关系，俗话说“多个朋友多条路，多个冤家多堵墙”嘛。

讲到这里，我们一起看看《论语·公冶长篇第五》第十七章中的一段话，原文是这样的：

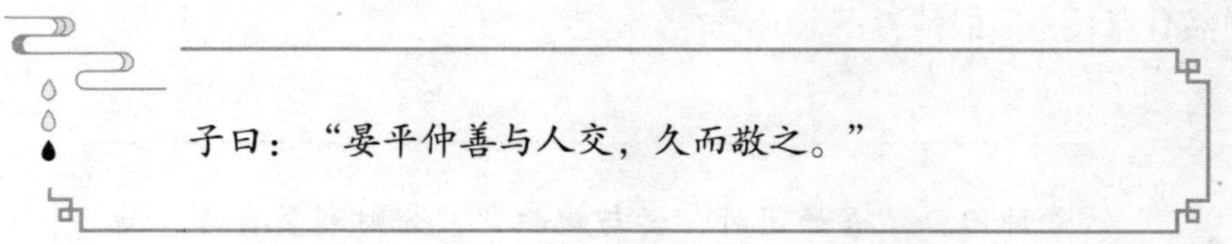

子曰：“晏平仲善与人交，久而敬之。”

晏平仲就是历史上著名的宰相晏子，他历经齐国的灵公、庄公、景公三朝，辅政时间长达五十余年。孔子说，晏子这个人有很好的修为，很明白与人相处的道理和分寸，他和别人的交情越久、越深，对人越发恭敬有礼，别人对他也越发敬重。这可不是件容易做到的事。

一般人之间的交往，就好比是一句老话讲的，“相见易得好，久住难为人”，意思是说人与人相处久了，就很难保持初见时的谦恭之心，慢慢地大家开始不拘小节，甚至变得随随便便了，于是就很容易变成古人所说的“近之则不逊，远之则怨”，最后导致各种矛盾交织，大家不欢而散。大家可以想一想，我们成年之后的交友之道，是不是有类似之处呢?

关于这一点，老话讲得好，“在家靠父母、在外靠朋友”，尤其是做事业的时候，我们更需要有朋友的相助，所以，就更得学习晏子的待人处事之道了。

那么，讲到“久而敬之”，我们再往深处想一想，在事业中，最容易引起彼此矛盾的是什么？自然是名和利。反过来说，正是有了名、利的考验，才能试出是不是真交情，谁才能真正做到让人“久而敬之”。

为了更好地说明这一点，我们举一对在历史上经历过名、利考验的朋友。这对朋友的故事，就是著名的“管鲍之交”。

在《史记·管晏列传》中记载了管仲和鲍叔牙两人的交友之道，原文虽然有点长，但很精彩：

> 管仲曰：“吾始困时，尝与鲍叔贾，分财利多自与，鲍叔不以我为贪，知我贫也。吾尝为鲍叔谋事而更穷困，鲍叔不以我为愚，知时有利不利也。吾尝三仕三见逐于君，鲍叔不以我为不肖，知我不遭时也。吾尝三战三走，鲍叔不以我为怯，知我有老母也。公子纠败，召忽死之，吾幽囚受辱，鲍叔不以我为无耻，知我不羞小节而耻功名不显于天下也。生我者父母，知我者鲍子也。”

这段话主要讲了在管仲遇到困境的时候，鲍叔牙是如何理解和包容他的。例如，管仲在和鲍叔牙经商、分财利的时候，自己要多拿一些，但鲍叔牙并不认为他贪财，知道他是因为家里贫困才这样的；管仲为鲍叔牙做事，当事情做不好、多次被君主免职、多次战败逃跑的时候，鲍叔牙从来不认为管仲没有才华、没有胆量，反而从内心深处理解管仲的难处。所以在最后，管仲讲了一句话，“生我者父母，知我者鲍子也”。

大家可以想象一下，假如我们能做到让人“久而敬之”，能有“管鲍之交”，那我们的事业又何愁不成功呢？

2.对自己少怨、无怨

为什么对自己有怨，无非有以下三种情况：

（1）自我定位不准，自我期待太高，能力有落差；

（2）自我定位准，但实现自我定位的能力与之不匹配；

（3）自我定位准，能力也匹配，但对于实现自我定位的时间有错误的认知。

按照儒家的说法，有怨就是心中有愠怒之情没有抒发出来。如果能把自己的情绪调整好，那么最后我们便可以做到《论语·学而篇第一》中的“人不知，而不愠，不亦君子乎”。而按照心理学的说法，“怨”就是被情绪带走，看不清事实本来面目的意思。

不管理论如何，要真正减少对自己的“怨”，都需要日复一日的落地功夫，这就是《论语》中提到的“三省吾身”。“三省吾身”这个说法，来自《论语·学而篇第一》的第四章，孔子的学生曾子曾经讲过的一句话：

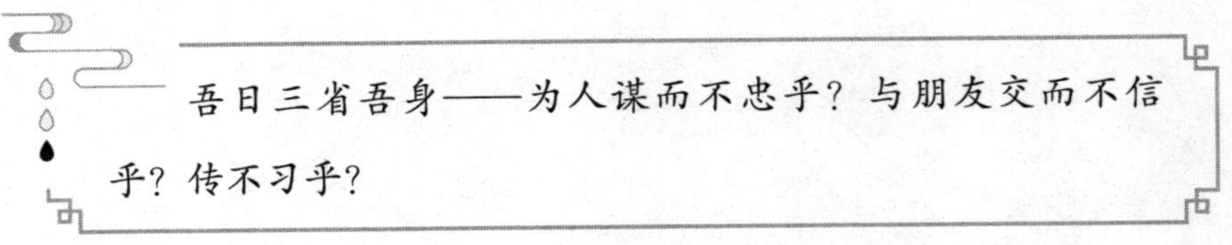
吾日三省吾身——为人谋而不忠乎？与朋友交而不信乎？传不习乎？

从做事业的角度来看，“三省吾身”包含了复查的工作：每天工作完成后，自己要再想想一天的所作所为，对照“为人谋而不忠乎？与朋友交而不信乎？传不习乎？”的标准，看看自己为他人做事，是不是老老实实、尽心尽力；是不是做到守信，讲过的承诺是否兑现了？

假如能定期做到“三省吾身”，那么我们就会对自己越来越诚实，就能诚实面对自己、诚实面对他人、诚实面对这个世界。当越来越诚实的时候，我们也就能越来越平心静气地看待自己、看待他人、看待这个世界，慢慢地我们就会减少对自己的“怨”，自然也能减少对他人的“怨”、对外部世界的“怨”。儒家的学问就是这么平实、玄妙！

第 8 节 无怨：领导者的终极管理目标

上一节提到了“管鲍之交”，现在，我们再从《韩非子》的记载中，了解一下管仲的做事风格。

《韩非子》中有一篇名叫《管仲不谢私恩》的文章。内容大概是这样的，管仲被捆绑着从鲁国押回齐国。走在半路上，经过一个叫绮乌城的边疆小城时，他又饥又渴，就向守城官吏要吃的、喝的。当地这名小官吏知道管仲的能耐，于是对管仲很恭敬，还跪在地上喂管仲吃喝。等管仲吃完、喝完，这位守城的小官吏便偷偷地对他说：“假如您回到齐国没有被处死，而被重用，到时候，您准备用什么来报答我？” 听到这个问题，大家可以想想，假如自己是管仲，该怎么回答。反正我是觉得挺难回答的。

管仲的回答是这样的，“假如真的像您所说的，我回到齐国被重用了，那么，我将会重用贤人、选用能人、奖赏有功之人，除此之外，我还能拿什么来报答您呢？”听完管仲这番话，这位守城的官吏很不高兴，心里也就怨恨上了管仲。

通过这个故事，再结合之前讲“管鲍之交”的那段文字，我们看看，可以从中学习到哪些做领导者的内涵?

1.定位与原则

管仲这个人知道自己做人、做事的原则，他人生的最终目标显然就是功名显于天下，对于自己要什么、不要什么，他想得很清楚。所以，他才能在自己遭难之时，面对对他有私人恩情的人提出的错误要求，仍能坚决地说不。试想一下假如自己处在管仲当时的位置，能不能做到?

2.国之名器，不可轻授

国之名器的授予，必须谨慎。在我国古代，国之名器的评选和授予，如官员谥号、贵族爵位等的授予，都有严格的流程。一旦将名器滥授，甚至到了可以用钱换取的程度，那么当时的政治生态必将一片混乱。

这就告诉我们，在做事业时，对工作者的荣誉称号等，不能轻易给予，评选要有理有据，且一定要公正、公开。国之名器，不能轻授，对于企业来说，还有更深一层的借鉴意义，就是倒过来讲，在企业中，名实相符的荣誉比单纯的物质奖励恐怕更能打动那些有理想的人。

3.公私分明

我们在做事业的时候，一定要公私分明，任人唯贤。很多企业往往败在这一点上。

最后我们再总体看一下，“出门如见大宾，使民如承大祭。己所不欲，勿施于人。在邦无怨，在家无怨”这三句话。从做事业的角度，我们可以这样理解，这段话是针对有领导能力的人讲的，对目前在领导职位上的人士来说有一定的教育意义。

首先，一般人容易对人、对事懈怠。孔子说“出门如见大宾，使民如承大祭”，是让领导者提起精神，应对外部世界。

接着，孔子又说“己所不欲，勿施于人”，是因为一般人的天性中有“己所欲，施于人”的倾向，而身居高位者，由于权重势大，更容易将个人的意愿强加于他人身上，所产生的不良后果也会更大，因此可知，这句话是在提醒身居高位者不要固执己见。

最后，孔子又说“在邦无怨，在家无怨”，按照逻辑顺序，第一句话让领导者精神不懈怠，第二句话提醒领导者不能固执己见，要具备同理心，前一句鼓励往前冲，后一句让人往回思考，一进一退，便可达到第三句话“在邦无怨，在家无怨”所说的状态。

若能真正领悟这三句话的内涵，并能做到，那么，我们在事业中就可以更好地带团队，让客户和合作伙伴更加理解我们。

第二章 反求诸己，回到自身

第 1 节　反求诸己——人生与事业的终极解决方案

我们知道，现代管理学和心理学，都认可这样一种理论，即所有的问题，最终的解决指向其实都在人，尤其是处在管理职位上的领导者，他们应该要负最大的责任。

从这一点上来看，儒家的反求诸己、回到自身可以说领先于现代管理学、心理学数千年。难怪现代大儒、著名思想家梁漱溟先生也说，“中国的文化是一种早熟的文化”。

既然谈到反求诸己、回到自身，那我们就必须对自己有所了解，对人性有所了解。要认识自己有两条大的路径，一条是从我们的心入手，一条是从我们的身体入手。儒家及佛家是沿着心这一路的；道家是沿着身体这一路的。这里我们不谈佛家的理论，也不谈道家的修为，而将主要精力放在体会儒家的思想，特别是《论语》的文字上。

下面，我们就从《论语》出发，来讲讲其中和天性有关的内涵。

一提到天性，很多人就会想起这么一句：“人之初，性本善。性相近，习相远。”很多人以为这四句都是孔子的话，其实，只有后两句才是孔子的观点。

如果从创立事业和人生发展的角度来理解，后两句有一整套深意在里面。

“性相近”讲的是每个人的天性都是相近的。现代心理学的研究发现，每个人都存在一种集体潜意识，而一个民族最深层的集体潜意识就构成了这个民族的集体性格。这个所谓的集体潜意识，就是儒家所讲的“性相近”。

而“习相远”指的是随着各自生存环境的不同变化，每个人的习性都会产生变化，也因此造成了人与人之间的种种不同。

结合中国古人的实践和现代心理学的研究，我们可以发现，一个人身上其实有两套生命系统在运作，一套是先天系统，一套是后天系统。以儒家的说法来讲，“性相近”对应的就是先天系统，“习相远”对应的是后天系统。

为了更好地说明什么是“性相近”，我们聚焦到著名教育家、曾经多次获得诺贝尔和平奖提名的蒙特梭利女士的研究上。

她通过研究发现，孩子在出生之前本身就已有一整套先天的系统在运作，她将这套系统称为精神胚胎。关于精神胚胎的概念，我曾经有幸请教过国内最早认识和推广蒙氏教育的孙瑞雪老师。在这里，我摘录一段孙老师书中的原话，请大家一起来品味品味。

“我们从不相信也不知道，胎儿在母体中形成的那一瞬间，他内在就有一样东西，那东西将在儿童一出生时就指导儿童如何发展，指导儿童去抓什么、摸什么……蒙特梭利把它称为精神胚胎。”

人的成长过程实际上是心理的成长过程，而不是智力的成长过程，智力成长是附着在心理成长上的。如果我们能遵照这个精神胚胎让孩子自然地发展，那么这个孩子就会变成一个人才。

百年前，蒙特梭利女士关于精神胚胎的说法，在教育界可谓石破天惊。其实，这个说法也正好从另外一个角度印证了现代心理学所谓集体潜意识的存在，而集体潜意识是中国儒家所讲的“性相近”的另外一种说法。

从做事业的角度来看，我们更加需要知道自己的天性在哪里，也就是说需要找到我们自己的精神胚胎。当然，每个人所花费的寻找时间不一样，有的人长一点，有的人短一点，但是，没关系，只要你真的觉得有必要找一下你的天性，那么无论时间长短，终将会找到。

既然知道了自己的天性很重要，那么问题就来了，毕竟我们不再是儿童了，没有那么多精力，也无法去花费整段时间去寻找自己的天性，但是找天性似乎又很有必要，那么怎么办呢？我们可以从以下两个方面慢慢下功夫，一点点找到自己的天性。

第一个方面是自我观察与反省。北宋的时候，有位隐居在西湖的高人，名叫林逋，他曾经讲过一句关于自我观察与反省的名句，“坐密室如通衢，驭寸心如六马，可以免过”，意思是说坐在密室中如同走在四通八达的大道上，驾驭自己的方寸之心就像驾驭六匹马那样，能做到这些，就可避免过失了。

这种打心底里表现出来的、能真实面对自己又带有那么一丝闲适的坦荡心境，与李白的名诗《独坐敬亭山》中描写的“众鸟高飞尽，孤云独去闲。相看两不厌，只有敬亭山”有异曲同工之妙。

在慢慢静下来之后，我们就可以真正冷静地观察自己了。观察自己喜欢什么、厌恶什么，擅长什么；想想自己喜欢的、擅长的是否真能让自己的事业顺利；那些我们自认为不喜欢、不擅长的，是否真的阻碍了我们人生和事业的发展；自己喜欢的和自己厌恶的之间有什么联系……随着观察的功夫越来越深，我们就可以慢慢找到自己的天性。

讲到这种自我观察与反省的功夫，我们可以再仔细体会一下《论语》中的内涵，说得最透彻的就是《论语·卫灵公篇第十五》第二十一章中的这一句：

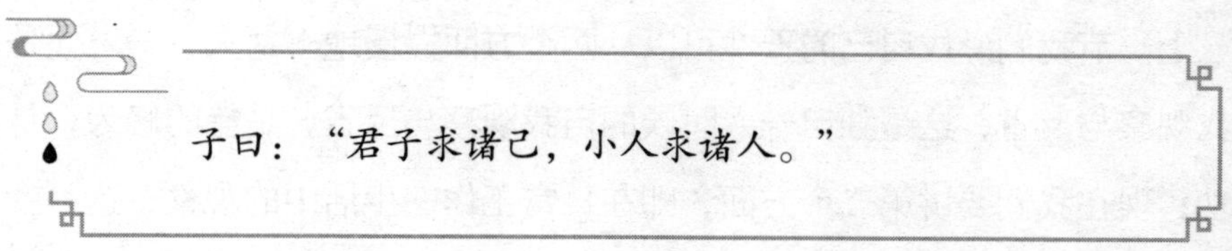

子曰："君子求诸己，小人求诸人。"

一个追求君子品性的人，在有了一定的社会阅历之后，结合自己的一生所学，就能确定自己这一生该走哪条路。无论是做事业，还是做学问，这样的人总会反躬自问，总之，一切的一切，都靠自己，而不准备依赖别人。

第2节　找回自己的天性：视其所以，观其所由，察其所安

上一节我们说找自己的天性可以从两个方面慢慢地下功夫，一方面是自我观察与反省，这是独自一人时候的自我观察与反省，是静的修为，是静功；现在我们要讲第二个方面，即在日常工作、生活中的观察，这可就是动功了。

关于在日常工作、生活中的观察，我们来看《论语·为政篇第二》的第十章。原文是这样的：

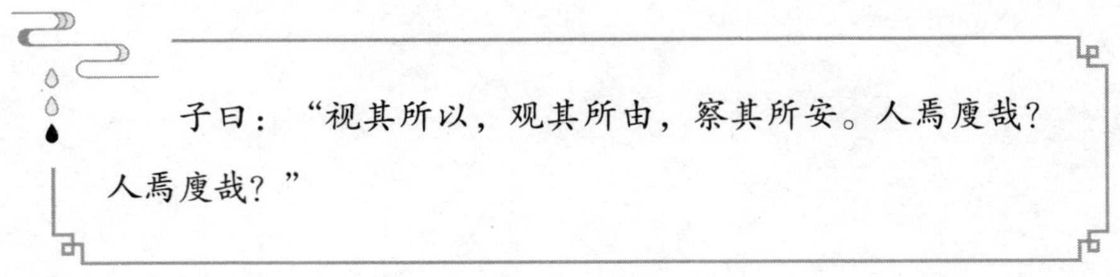

子曰："视其所以，观其所由，察其所安。人焉廋哉？人焉廋哉？"

这段话的意思是说，要从三个角度来看一个人的为人处世，即看看他做事出于什么目的，准备怎么去做，做的时候心情如何。

孔子的这三句话讲的是一种透彻观察人的方法，其实我们也可以反过

来，从这三个角度来仔细审视自己日常的所作所为，从中找到使自己心安的因素，是某些特定的人？还是某些特定的事情？或是某个特定的地方？等等，找到这个因素也有助于我们慢慢发现自己的天性。

关于这三个观察角度，我们讲一个孔子弟子子路的故事，和大家一起感受一下其中的高明之处。这个故事来自《韩非子》，后人给这段故事单独起了个名字，叫“子路侵官”。原文如下：

议曰：昔仲由为郈宰，季氏以五月起长沟，当此之时，子路以其私秩粟为浆饭，以饷沟者，孔子闻之，使子贡往覆其饭，击毁其器。子路曰：夫子嫉由之为仁义乎？孔子曰：夫礼！天下爱天下，诸侯爱境内，大夫爱官职，士爱其家，过其所爱，是曰侵官。

意思是这样的：孔子的弟子子路在鲁国郈这个地方做官，当时鲁国的政权实际是由季氏所掌握的，季氏要求五个月内开通一条运河。这在当时是个非常巨大的工程。这条正在修建的运河刚好就在子路的辖区内。可是季氏给的工程经费不足，为了让工人们吃饱饭，子路自掏腰包，还准备好了做饭的东西，给工人们解决粮食问题。孔子听到这个消息后，马上派子贡去，把子路做好的饭倒掉，还砸掉了锅碗瓢盆。这下子，子路不干了，他立马撸起袖子，冲进孔子的住处，就和孔子吵了起来，“老师啊，您天天教导我们行仁义之道，现在我照做了，您又叫子贡来捣乱，您是不是嫉妒我呀？”孔子说：“子路啊，你怎么这么鲁莽？你还是不懂礼的重要性啊！我们奉行的礼，讲的是天子拥有天下，所以，他够资格、够能力，也需要爱天下的所有民众；同样的，诸侯要爱自己国境之内的民众；而大夫呢，只需要管理好自己职责范围以内的事务即可；而士人爱护好和管理好自己的家就好了。如果超出了各自的范围，去干预别人的事，哪怕是行仁义之道，也仍然是越过了应有的界限，这叫作侵官。”

我们可以按照“视其所以，观其所由，察其所安”这句话，仔细品味一下这个故事中子路行为背后的动机、做事特点，以及子路的性格特点等。而更值得我们品味的是孔子高妙透彻的人生智慧和处理难题的方法。假如能多向孔子这样的智者学习，我们未来的人生道路是不是可以更平稳些呢?

当然了，一般人总习惯往外看，习惯看别人的所作所为。假如我们能用看别人的精神头来看自己，以孔子所讲的三个角度，在日常工作、生活中慢慢体会，那么我们就会发现自己的天性。这就是我们依据《论语》在日常工作、生活中观察的方法。

讲完了这三句话与发现天性的关联后，我稍微展开讲一讲这三个角度中提到的两个字：“安”和“视”，与大家一起更深入地体会一下《论语》的内涵，尤其是和我们做事业的关系。

我们先来讲“安”这个字。我们常讲安于行业、安于公司、安于职位等，这些固然很重要，但是，最难安的是我们的这颗心。还记得上一讲中，我们讲到李白《独坐敬亭山》的意境吗？“相看两不厌”，指的是安于眼前这个风景。之前提到的“晏平仲善与人交，久而敬之”一句中也有“安”的成分。试想一下，假如一个人没有自己的原则和主张，没有走正道，那他身边的朋友们怎么能安心与他交往，又怎么能达到“久而敬之”呢？《菜根谭》中出现的“嚼得菜根香，百事可做”，里面谈的其实也是心安的境界，一个人心安了，自然百事可做。

当然了，不管是李白讲的“相看两不厌”，还是《菜根谭》中的“嚼得菜根香，百事可做”，这些大多是从内在来讲的，是通过内在的静定修养可以达到的境界。那么，能不能通过外在的方法来达到“安”的境界呢？能！就《论语》而言，曾子提到的“三省吾身”，就是让我们达到心安最好的外在方法。我们再回顾一下。

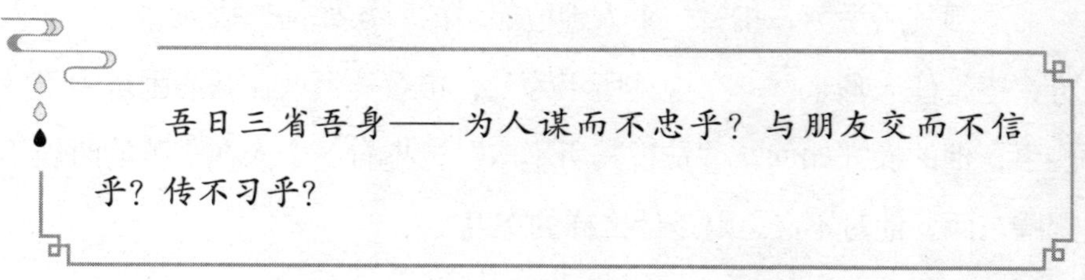

吾日三省吾身——为人谋而不忠乎？与朋友交而不信乎？传不习乎？

一个人如果每天都能做到这三点，自然可以梦稳心安。

当然，就我个人理解而言，在儒家的思想体系中，孟子提出的“父母俱存，兄弟无故，一乐也；仰不愧于天，俯不怍于地，二乐也”，这里所提及的心安境界，已经和天地大道融为一体了，其意义就更为深远了。

讲完了“安”这个字，我们再来讲“视”这个字。“视”在这里带有观察的意思。为了能让大家比较透彻地理解“视”这个字，我们来讲一位君主的故事。这位君主是魏文侯，他最重要的一位老师就是孔子的弟子子夏。这段故事发生在魏文侯和他的大臣李悝之间。

故事的大意是这样的，魏文侯需要找一位大臣做宰相，他向李悝征求意见：“我如今要选一个人做宰相，我觉得能当宰相的不是魏成子就是翟璜。先生，您看这两位，哪一位更适合呢？”

这个时候，李悝讲了一个关于鉴别人才的好方法，后世称之为“识人五法”，就是“居视其所亲，富视其所与，达视其所举，穷视其所不为，贫视其所不取，五者足以定之矣”。“居视其所亲”，指看一个人平常亲近哪些人，是亲近贤人，还是亲近小人，是亲近有能力的人，还是与能力不怎么样的人混在一起？“富视其所与”，指看一个人有钱的时候如何处理自己的财富，是比较多地满足私欲，还是把财富用于接济穷人或培养人才？“达视其所举”，指看一个人地位显赫的时候如何选拔人才，是任人唯贤，还是任人唯亲？“穷视其所不为”，指看一个人在窘迫困境中不做哪些事，他的操守如何？“贫视其所不取”，指看一个人在贫苦的时候不要哪些东西，他对不义之财是什么样的态度？

李悝说：“大王，假如您掌握了这五法，何须我来给您提用人建议呢？”魏文侯说：“谢谢先生，请您回家休息吧，我已经决定好宰相人选了。”

这就是我们所说的找到天性的第二种方法，即在日常工作、生活中观察的方法，这是动功，大家可以从视其所以、观其所由、察其所安这三个方面下功夫。我建议大家把《论语》中这段话反过来用，以指引自己的人生之路，帮助找到自己的天性、找到让自己心安的因素。

第 3 节　儒家看待成就：立德、立功、立言

古人对成就的定义，是一个系统的观念，不像我们现在一提起这两个字，脑海中出现的可能大多数是高收入、高阶层等名词或与这些名词相关的场景。对于成就，《左传》中明确提出了一个观点，这就是著名的立德、立功、立言，这个观点后来被儒家一直沿用。那儒家是怎么看待成就的呢？这就要从立德、立功、立言开始讲起了。

所谓立德，就是指一个人德行好，让大家都钦佩；所谓立言，就是有著述、言论被后人记住；所谓立功，从我们现代人的角度来看，就是在自己的事业领域中，取得了出类拔萃的成绩，并被世人认可。

关于立德、立功、立言和成就的关系，我们一起来看看《论语》这本经典中蕴含的深意。

先看《论语·先进篇第十一》第二章、第三章，原文是这样的：

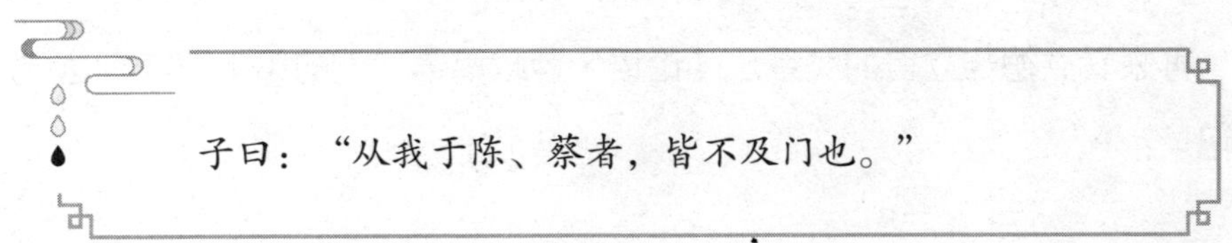

子曰："从我于陈、蔡者，皆不及门也。"

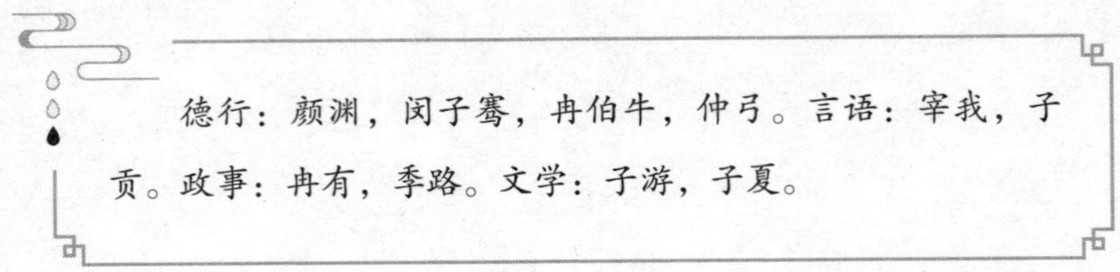

德行：颜渊，闵子骞，冉伯牛，仲弓。言语：宰我，子贡。政事：冉有，季路。文学：子游，子夏。

后人把这一段中出现的四门学问——德行、言语、政事、文学，并称为“孔门四科”。结合关于孔子及其弟子事迹的相关记载，我们可以看出，四科中，德行是排在第一位的，而且还能统摄后面的三科。为什么这么说呢?

首先，从语意对应的角度看，立德对应的是孔门四科中的德行，立功则与为政、政事有关，因为儒家理想中的治国平天下，都和为政有关，这当然对应的就是立功了。而立言，显然是对应言语、文学这两科的。

关于立德与立功的关系，我们来看《论语·为政篇第二》的第一章。

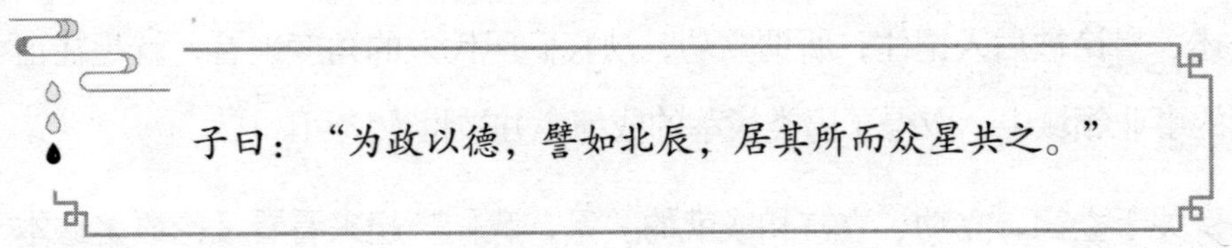

子曰：“为政以德，譬如北辰，居其所而众星共之。”

这句话的意思很好理解，为政当然是德行起到关键性作用的。类似这样的话，在《论语》中还有很多很多，我们就不过多展开了。

再来看立德与立言的关系。《论语·为政篇第二》的第十三章有这样的记录：

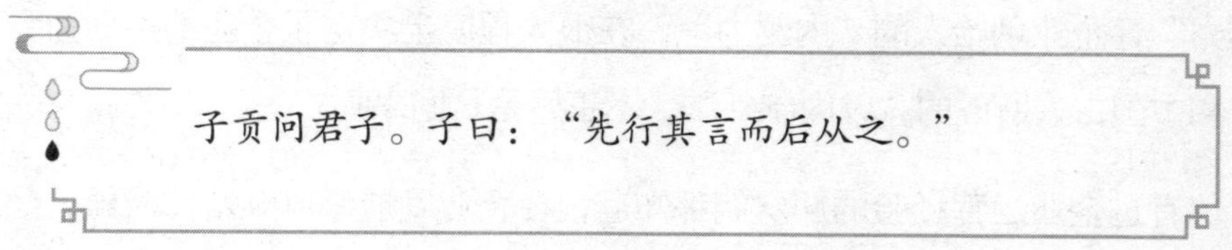

"先行其言"，就是指把实际做事的行动放在言论的前面，不要光讲大话，但不落实。少说空话、不受虚言、多做实事，这是君子应该有的要求。

《论语》中还有一句话，"君子不重而不威"，说的是"先行其言"的前提之一，就是不轻易许诺，尤其是在做事业的时候，在给出承诺之前，我们要仔细掂量一下自己兑现承诺的可行性。这种对自己承诺的看重，就是自重的体现，即自己看重自己的信誉、看重自己的诺言。正因为看重自己的承诺，所以会想到不能兑现承诺给别人的工作或生活造成的困扰，这也是一种尊重别人的表现。

另外，也正是因为看重承诺，所以也会经常检查自己对承诺的执行情况，这正好是曾子"三省吾身"中"与人谋而不忠乎？与朋友交而不信乎？"的具体体现。

讲完了《论语》中所蕴含的立德与立功、立言的关系后，我们再从做事业的角度，一起分析一下立德与事业的关系。

如果从内外关系看，立德属于内在的修养，而立功和立言可以说是外在的表现。中国古人讲究"以内制外"，即前面所讲的以立德来统摄立功、立言；其实西方人也这么认为，只是中西方的表述方式不同而已。比如说，西方现代管理学非常看重一家企业的价值观，而企业的价值观和企业创始人的价值观、品性有很大关系，按照现代心理学的说法，就是 "内驱力”，企业创始人的“内驱力”，在很大程度上决定了企业的生命力，这和中国古人所说的“以内制外”，不正好是一回事吗？

有过企业运营经验的朋友们都知道，在企业发展顺风顺水的时候，经营管理并不是一件特别难做的事，难就难在遇见了挑战性事务，尤其是那些决定企业生死存亡的挑战性事务的时候，企业的最高决策者特别需要身后的团队给予他无条件的信任和全力的支持。这些信任和支持，在很大程度上关系着企业的存亡。在这个时候，企业最高决策者的德行以及他日常行为举止所表现出来的修养，就变得至关重要了。

讲到这里，我们就来讲一位世界级企业家的真实故事。这位企业家，名叫卢作孚，他创办的公司就是民国时期著名的企业——民生轮船公司。他和他的民生轮船公司曾经创造了一个我们难以想象的奇迹，这就是二战时期比著名的敦刻尔克大撤退规模还要大得多的中国宜昌大撤退。我们通过以下几段描述宜昌大撤退的文字，一起再来见证这段不可磨灭的历史。

1938年9月，入川门户宜昌。离长江上游枯水期只剩40天，沿江至少堆积了9万吨以上的物资。毫不夸张地说，这里几乎集中了当时中国仅存的兵器工业、航空工业、各类机器工业和轻工业的生命，甚至还有故宫文物在内，这些就是国家仅存的一点儿元气。而同时，滞留宜昌、等待入川的人员和难民也至少在3万人以上。

民生公司平时的运输能力40天大约只有1.4万吨。而这一次，需要在40天内，把9万吨物资全部运往重庆，几乎没有可能。结果，卢作孚先生和他的同仁们，设计出一个极其严密的运输计划，硬是在预定的40天内，完成了抢运工程。具有世界影响的教育家晏阳初将这一壮举称为“中国实业上的敦刻尔克”。后来据调查，这次抢运进来的兵工厂和民营企业的机器设备，每月仅手榴弹就可以造30万枚，迫击炮弹7万枚，飞机炸弹6 000枚。

实际上，在整个抗战期间，民生船只运送出川的军队共计270.5万人，武器弹药等30多万吨。在这期间，民生轮船公司的损失，仅船员就牺牲117人，伤残76人，还不包括被炸沉、炸伤的轮船及设备。

民生轮船公司能实现这一壮举，这和卢作孚个人的德行有莫大的关系。我们只举一个例子来说明。1926年夏天，卢作孚接民生号轮船路过万县时，当时的大军阀杨森请他担任要职，月薪500元，这是他在民生轮船公司薪水的十几倍，但他谢绝了，匆忙之中还草拟了一份“万县市政建设规划”作为答谢。在他的影响下，民生轮船公司的同仁们，在面对各种诱惑时，都坚持“不在利益，而在事业”的初心，始终没有一个人离开，这一重事业、轻私利的风气，也成为民生轮船公司的一个传统。

讲完了令人感动的卢作孚与民生轮船公司的故事，我们再从另外一个角度来看， 中国古人为什么那么看重德行这一科。我们常说，一个人的德行属于内在的修养，而立功、立言在很多时候受外部因素的影响很大。一个企业的产品很好、团队很好、制度也很好，可是如果产品投放的时间点不对，或者遇上了强大的竞争对手，那么也会在市场中迅速被击败。这样的例子比比皆是。所以，很多人总爱说人算不如天算。但是立德就不同了，德行虽然也要受外部环境的制约，但是相比而言，受的影响就要小很多。

第4节　在做事中做人，在做人中做事

一、做人与做事的深刻关系

一说起做事，很多人就会自动想到做人。人们总会说“要先学会做人”“做人要做到位”“人做好，事情就好办了”。这样讲，对不对？当然对，可是，这样讲也很容易让人产生一种误解，似乎做人应排在做事的前面，二者有一个先后顺序。

但从做事业的角度来看，我认为这两者一定要打通，二者应并行来讲述，方能让有心在事业中修行的人有更大的收获。

在做事中做人，在做人中做事，做人离不开做事，做事离不开做人。人在事中成，成事必靠人，因人成事，因事成人。

一个在事业中修行的人，需要在事业中不断修正自己。假如他不做事，又怎么能知道自己的观点、行为需要修正呢？所以，我们主张不能离开做事去谈做人，反之，也不能离开做人去谈做事。

关于做人与做事的关系，我讲《论语》中的一段话来帮助理解。《论语·子路篇第十三》的第二十章中有这样一段文字：

子贡问曰："何如斯可谓之士矣？"子曰："行己有耻，使于四方，不辱君命，可谓士矣。"

曰："敢问其次。"曰："宗族称孝焉，乡党称弟焉。"

曰："敢问其次。"曰："言必信，行必果，硁硁然小人哉！——抑亦可以为次矣。"

在这段话中，子贡问孔子，应该如何定义士。孔子按照事业格局的大小，把士分为三个层级。第一个层级的描述是"行己有耻，使于四方，不辱君命，可谓士矣"。就是说，一个人知道何为耻，做人、做事有自己的底线，出使四方的时候，可以为国效力，不辱君王所托付的使命，不使别的国家看低自己国家的国格，这样的人，可以算得上是士。当然，这显然对应的是儒家思想中治国平天下的层面。

可是每个人的境遇不一样，不是人人都有机会出使四方、为国效力的。于是，子贡又说这样的要求恐怕太高，那么，低一层级的士应该是什么样的呢？孔子的回答是这样的：在宗族中，人们称他为孝子，在乡里乡亲之中，大家都说他是友爱同辈之人，这也算是士了。这对应的是儒家思想中齐家的层面。

子贡又问，那么再低一点的士又是什么样子的呢？孔子说，要讲信用，言必信，行必果。按照一般人的理解，这样的人，应该也很不错了，但这里请大家注意，孔子在后面又加了一句，"硁硁然小人哉"。这一句用来形容一个人浅薄固执，不追求大的格局，不追寻高远的意义。所以按照孔子的回答，这样的人虽然见识不广、才学不高，但是他还是能够做到言行一致、注重承诺的，所以也可以算作士，是层级更低的士。

二、直道而行的原则

1.什么叫直道而行

在《论语·宪问篇第十四》的第三十四章有这样一段记载：

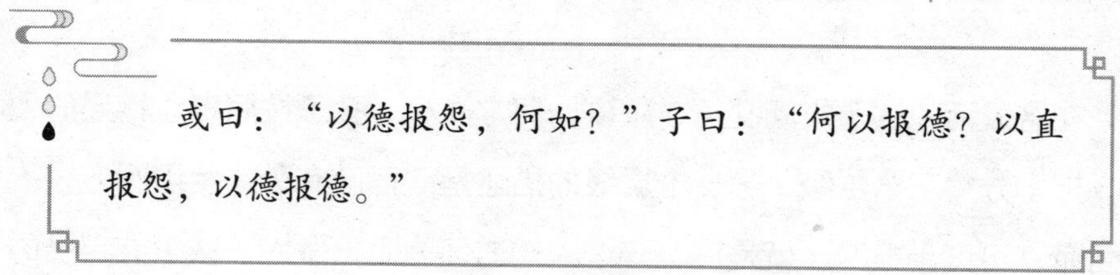

或曰："以德报怨，何如？"子曰："何以报德？以直报怨，以德报德。"

孔子不赞成以德报怨，他是主张以直报怨的，是带有侠义精神的。孔子认为是非善恶要辨析清楚，谁对我好，我就对谁好；谁对我不好，我至少可以不理他。另外，以直报怨还有一层意思，就是有什么意见、怨恨，都可以放在明面上来谈，不暗地里"使绊子"，也不会因为有怨而刻意曲解或添油加醋。只有做到了这些，才算是直道而行、以直报怨。

关于直道而行，我们再继续往深处探究，《论语·雍也篇第六》的第十九章中是这样写的：

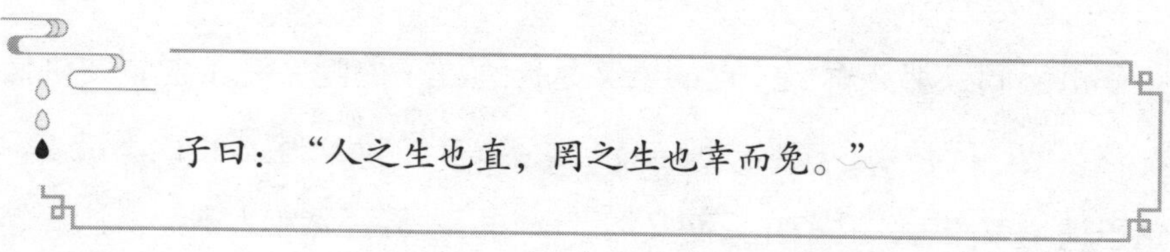

子曰："人之生也直，罔之生也幸而免。"

这句话的意思是说，人生来就应该“走直道”，虚罔不直的人也可以生存，但那只能说是他侥幸免于祸害罢了。如果我们把这句话延伸开来讲，就是说，虚伪地过一辈子的人，一般是不会有好结果的，即使有一些暂时还不错的成绩，那也只能说是侥幸。

从做事业的角度体会这句话，是可以给我们带来更多启发的。我们在第一章第2节中讲过，企业的领导者或决策者，要注意学习孔子所讲的“四毋”，尤其是毋意，在沟通和做决策时都要根据客观事实进行，而不能是谁权力大就谁说了算。但是我们也要注意，如果只是决策者或者领导者注重毋意的个人修养，而整个公司中并没有从制度、文化上倡导直道而行，那么就会出现员工看到有问题却不愿意直接表达出来的情况，最后公司也是会出大事的。这样的例子太多了，这里就不展开讲了。

另外，直道而行一定要和德行修养配合在一起，且要注意方式方法，不能让直道而行的表达变成人身攻击，要注意对事不对人。

2.怎样做到正确的、直道而行的表达

我想和大家分享一个简单可行的方法，这个方法就叫作摆事实、讲感受。

比如说，一位同事延误了工作，拖慢了整个团队的工作进度。假如我们没有比较高的觉察能力，在沟通中就很容易怒火中烧，沟通也会演变成唇枪舌剑，甚至我们还有可能冲到对方面前表达不满，或者在电邮中直接斥责对方。这样的行为容易给自己和他人造成一些不必要的情绪困扰，往往是事情没有得到最终解决，人与人之间反而多了一些心结。

但是，如果我们学会了摆事实、讲感受，就可以在面对面或者通过电邮等方式沟通时，以这样的方式来表达：某某同事，我发现你的工作进度没有达到预期，这让我很困惑，也有些不满，不知道是哪里出现了问题，请你及时调整。

通过这样的表达，我们既讲出了一个事实，又不带着不良的、有针对性的情绪，既正确地将自己的不满情绪传达给了这位同事，又不会使他觉得有压迫感。这个看似不起眼的小改变，其实就是直道而行在职场中的应用，说白了就是直接表达又不被情绪所带走。我希望大家都能学会正确地直道而行，都能有更大的成就。

第 5 节　反求诸己，始自静定的修养

反求诸己，就是凡事要先向内找原因，无论是修身、齐家，还是治国平天下，都要如此。在接下来的讲述与分享中，我会从做事业的角度，与大家一起来看看反求诸己的重要性，以及反求诸己的思维模式是如何落地的。

一、反求诸己的前提

首先，我们来看最能反映反求诸己精神的章句，《论语·卫灵公篇第十五》第二十一章中的一段话：

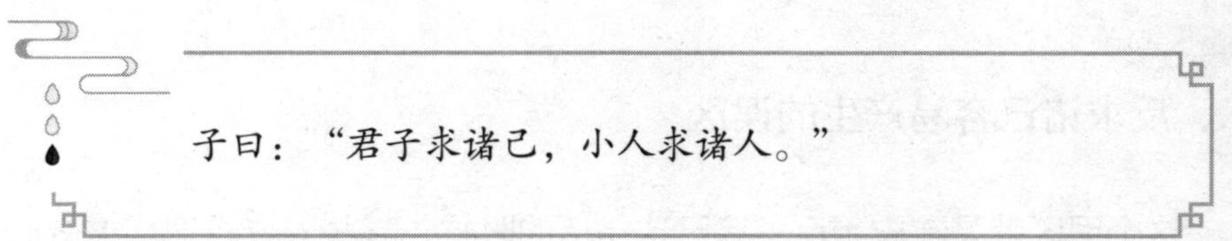

子曰："君子求诸己，小人求诸人。"

这句话的文意并不难理解，因此我不单独讲文意，而是把这句话放在做事业的大背景中，和大家分享、探讨文字背后的深意。

1.反求诸己与君子品性的关系

上面讲到了“君子求诸己”，很显然，这句话的主语是君子。按照语意来看，应该是先有君子品性，然后才能反求诸己，这个是必然的过程。当然，我们也可以这样理解，假如能时时刻刻注意反求诸己，那么我们就能越来越接近君子的品性要求。其实从《论语》以及儒家思想的实践来看，也确实如此，具有君子品性的人会自然而然地想到反求诸己。

2.反求诸己和理性的关系

反求诸己里面暗含了一个非常重要的前提，就是理性。我们试想一下，假如儒家不相信人的理性，不相信一个人可以凭借足够的觉察力、意志力去发现问题，并通过自身的改变来解决问题，那么，反求诸己就变成了无源之水、无本之木。按照现代大儒、著名思想家梁漱溟先生的思考，儒家思想是最相信人理性能力的一套思想体系。

也正是因为我们相信人具备理性思考和改变自己的能力，在遇到困难的时候，我们才可以说，我们有能力让自己和团队发生改变。我们相信人有足够的理性，这是我们做事业的基础，也是反求诸己的前提。

二、反求诸己容易产生的误区

这个误区就是在应用反求诸己这句话的时候，有些人容易把反求诸己当成全求诸己。请记得，这两点是有巨大区别的。大家还记得我们之前讲过的“子路侵官”这个故事吧？在这个故事中，我们提到了正常的人际界限的重要性。君主有君主的责权利范围，卿大夫有卿大夫的责权利范围，普通的士人也有自己的责权利范围。曾子曾经讲过“君子思不出其位”，就是提醒我们做事的时候谨记这一点。所谓反求诸己，是指从自己的角度、从成就君子品性的角度认清自己做事、做人方面的疏漏。但是，反求诸己并不是说一个人需要把不必要的责任都承担起来。在《论语·泰伯篇第八》第十四章中，有这样的一句话：

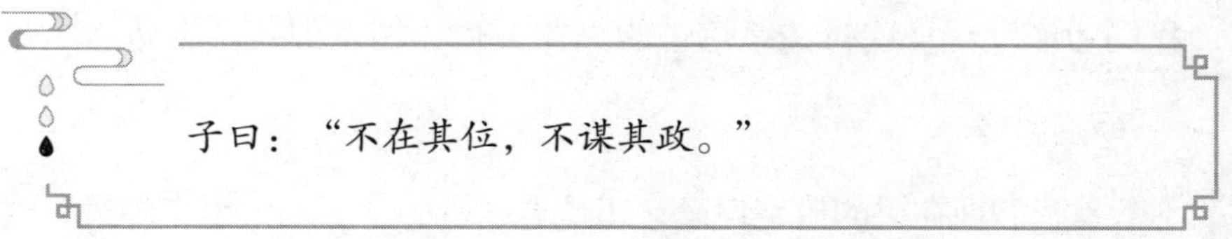

子曰："不在其位，不谋其政。"

人无论是在生活中还是事业中，都有属于自己的位置，这个位置对应的是不同的社会等级，而不同的社会等级对应的是不同深度和不同广度的信息掌握度。比如说，一个公司的创始人，他每天接触到的信息量一定比一个单纯的技术骨干要大得多。如果一个技术骨干以为自己发现了某一个新技术，认为这个新技术能为公司带来很大效益，便在不知道公司运营状况的情况下贸然做相关决策，那么后期出现风险的概率就很大。一旦出现风险，该追究谁的责任呢？按照公司的问责制度，主要责任应归结到这位技术负责人的头上。但是，如果从反求诸己的角度来看，创始人是不是也需要进行相应的反思，判断是哪里出现了问题，是制度问题？还是个人的情绪掌控问题？这便是从企业的运行角度来看一个领导者的反求诸己。

三、怎么做到反求诸己

我们讲了反求诸己的前提和误区后，再来讲一个关键性的问题：怎样才能做到反求诸己。

老话讲"每临大事有静气"，反求诸己更应如此。反求诸己要求我们在心情平静的状态下仔细思考、认真揣摩，从经营的过程以及外部反馈的变化中寻找一些蛛丝马迹，然后就像拼图一样，把这些找到的线索，放在做事、做人的大背景中，拼凑出一幅完整的图画。

做事业的过程中，我们需要经常放空自己，因为只有真正放空自己，我们才能发现那些被情绪遮盖的真相，也才能发现自己在做事中存在的疏漏。

不管是我们现在讲的放空自己，还是老话讲的“每临大事有静气”，在中国传统文化中都叫作静定的修养。我来和大家讲一下诸葛亮的《诫子书》，请大家从诸葛亮的事业和智慧中深入体会一下什么是静定的修养。

《诫子书》这篇文章，原文不长，文字也不难理解，我们就直接把原文和讲解合并在一起了。

第一句是“夫君子之行，静以修身，俭以养德”。所谓“静以修身”，可以理解为修身要静，即只有真正让自己的心静下来，不带一丝情绪，然后静静地观察，我们才能看到事物的真相和运行规律。这里侧重讲静与修身的关系，按照儒家的观点，只有先修身，才能谈后面齐家、治国平天下等一系列的功业。

而这句中的“俭以养德”，我们可以从创始人与外界环境互动的角度来体会其丰富的内涵。不少企业的创始人，在企业刚刚有了一点成绩后，就忙着到处去宣讲，而忘记了企业的经营之本，这也是一种不俭约的表现。作为一个创业者、一个管理者，经营好自己的企业是自己的本分，实在没有什么值得炫耀的。别人的赞誉也好，嫉妒、打压也好，都是外部环境，创业者不应受这些外在因素的影响。一个人尽了自己的本分，心安就好。

第二句是“非淡泊无以明志，非宁静无以致远”。一个人只有看淡了名利、放平了心情，才能拥有真正的力量、真正的胆识。很多人对于期待往往有一些不正确的认知，极易导致情绪和认知上的起起落落。

我们可以想想抗战时期，在艰难困苦中，中国共产党的领导人为什么对中国必定战胜日本那么有信心。这种坚定的信心建立在对事物透彻认知的基础上，而对事物透彻认知的前提是拥有淡泊的心智。

第三句是“夫学须静也，才须学也。非学无以广才，非志无以成学”。这里再次点明了才学和静定修养的关系。“非学无以广才”，讲的是才学从认真求学而来；“非志无以成学”，讲的是假如不是真的立志求学，那么就不能在学习上获得成就。

再下一句是“淫漫则不能励精，险躁则不能治性”。这句话讲的是，一个人心浮气躁，心性修养便无法达到平和的状态，那么就不能真正调整自己，也不能真正钻研到学问与事业中去。

最后两句是“年与时驰，意与日去，遂成枯落，多不接世，悲守穷庐，将复何及！”这两句的意思就是年华会随着光阴流逝，意志会被岁月消磨，人注定无所作为，这时后悔也已经没有办法了。

第 6 节　反求诸己的实践：心地坦荡，直道而行

在上一节中，我们分析了反求诸己的前提，以及静定修养与反求诸己的关系。在本节中，我要和大家分享和反求诸己有关的其他内容。

一、反求诸己的目的

心理学的相关研究发现，人做任何一件事都有其内在的心理动机。反求诸己，也不例外。在儒家的思想体系中，反求诸己的目的就是成就自身。而我们曾经说过，对于做事业的人来说，在做事中成人，在做人中成事，是修行的必经之路。在这条路上，反求诸己是我们最终能够顺利走到终点非常重要的思维工具，请大家务必注意它的重要性。

二、反求诸己的原则

1.平静与真实原则

反求诸己，不是让我们苛刻地要求自己，也不是一上来就要通过反求诸己去达到一个目标，而是要求我们在思维意识清晰、情绪平稳的状态下，通过一系列认知上的发现，看到自己在做人、做事中的种种疏漏，从

而更好地解决问题、成就自身。在这个过程中，我们要特别注意保持情绪的平静。

关于这一点，先秦有本经典著作叫《礼记》，里面的《孔子闲居》一篇中有一句话讲得非常好，原文是："清明在躬，气志如神。"这句话用来形容一个人光明磊落，头脑清楚。只有拥有坦荡的胸怀，才能真正做到"清明在躬，气志如神"。而这并不是一件容易的事，需要我们在日常的工作、生活中直道而行，尤其要注意情绪的正常疏解，既不能压制情绪伤害自己，又不能让未经处理好的情绪发出来，给他人造成困扰。

要很好地调整情绪，显然需要我们在日常的工作和生活中下功夫。为了深入了解情绪的调整方法，了解什么是直道而行，我们有必要观察并学习一下儿童的状态，越小的儿童对世界的反应越接近本真。这就好比《菜根谭》中的一句话："涉世浅，点染亦浅；历事深，机械亦深"。成年人在成长过程中，受到了各种因素的影响，已经渐渐远离了本真的状态。

举个例子，我们每个人大概都有过被骗或者不爽的时候，大家想想，自己这些愤怒、痛恨的感受，一般会持续多长时间？对成年人而言，一件不好的事情过去很久了，但是只要一提起跟这件事有关的地点或名字，他还会有很大的情绪反应。但小孩就不是这样的，他们也会生气、伤心、愤怒，但是别担心，他们一会儿就好了。一般来说，小孩子每次哭的时间都不会很长，这就是情绪上的过而不留，是我们成年人想做而做不到的。

除此之外，我们也经常可以看到穷人家的孩子和富人家的孩子在一起开心玩泥巴、玩沙子的场景。因为在儿童的眼中没有高低贵贱之分，大家在一起可以玩得很开心。但是如果换作成年人，和首富在一起会开心吗？结合现代心理学的说法，一个人如果可以不带任何评判、不加任何标签地与另外一个人相处，那么就做到了儒家所讲的直道而行。

古语云："真传一张纸，假传万卷书。"《中庸》上说："诚则明矣，明则诚矣。"可见古人把真、诚看得非常重。

记得有一次听一位隐居多年的老先生讲课，老人家提的第一个问题就是"我们这个时代最缺少什么"，当时在场人的回答不外乎是"缺信仰""缺精神"之类。老先生微笑地摇头，回答得斩钉截铁："我以为，我们这个时代最缺少一个'真'字。"老先生感慨，时下，真东西、真功夫、真实证，少之又少。拿最讲究实证的易经、中医来说，很多人理论说破天，可说一千道一万，不能真正治病，又怎么称得上真的懂易经和中医呢？

2.接纳与宽恕原则

一个人要想做到反求诸己，其中一个很重要的原则就是学会接纳自己的不完美。假如不能正视、不能接受自己的不完美，那么在做事业的过程中，我们就很容易走入以下误区。

第一个误区是承担所有的责任。一个领导者不管事情大小，总觉得自己应该承担所有的责任，其实这也往往说明，他从潜意识里并不真正信任团队的能力。这样的领导者也容易产生一种错觉，会认为自己能力超群，也往往不给团队足够的试错空间和成长机会。

第二个误区是自责。一个人，假如不能平静和真实地审视自己，那么，他就很容易走到自责的误区中，总是责怪自己这也做不好，那也做不好。反求诸己与自责最大的区别在于，反求诸己是在平静与真实的心境下观察自己、分析自己，整个过程中，只是从一个系统观察的角度审视自己，为以后的做人和做事做更充分的准备，而不给自己做出正面的或负面的评价。而自责常常带有明显的负面情绪，一个人在自责的心境下，看到的和分析出来的内容显然并不是真实情况的反映。

三、如何做到反求诸己

可能会有朋友提问了：反求诸己这也好，那也好，但我就是做不到，就是养不成这样的习惯，该怎么办呢?

我们都知道，养成一个习惯不是一件容易的事情。我们来学习两段来自《论语》和《中庸》的文字，看看经典中是怎么回答这个问题的。

第一段出自《论语·雍也篇第六》的第二十章：

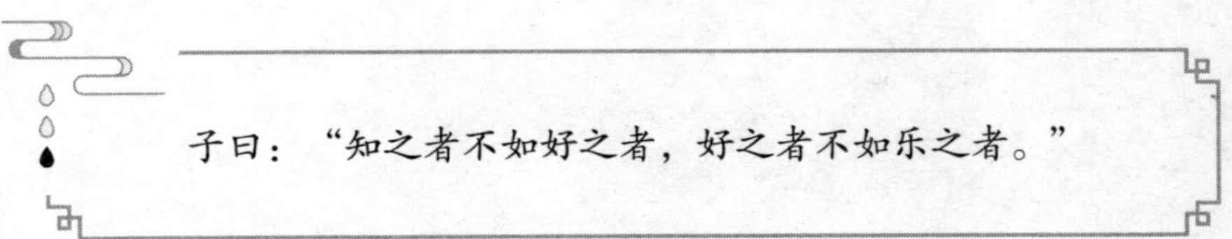

子曰："知之者不如好之者，好之者不如乐之者。"

很显然，一个人只有真正体会到做一件事的快乐，变成一个"乐之者"，他才能将这件事持久地做下去。

在现实的工作和生活中，我们经常想做某些改变，但多数时候都做不到，这里面深层的原因其实就是我们并没有找到那个让我们持久快乐的点，没有让自己变成"乐之者"，所以，也就没有坚持改变的动力。找到那个让我们持久快乐的点，自然就会引发持久的改变，之后就可以逐渐形成习惯。那么我们暂时没有办法找到那个点，怎么办?

我们来看《中庸》中的一段话。原文是这样的：

诚者，天之道也；诚之者，人之道也。诚者，不勉而中，不思而得，从容中道，圣人也。诚之者，择善而固执之者也。

这段话的意思就是说，人要学会择善固执。以反求诸己为例，在没有养成习惯，没有把自己变成“乐之者”之前，我们需要对自己多一点强迫，先从一定的强迫性规范开始，然后再慢慢形成习惯，就好像很多人每天记日记一样，刚开始很难坚持，但是强迫自己写下去，慢慢地就会变成习惯。反求诸己也可以如此。

第 7 节 反求诸己：自我价值实现的途径

这一节的主题是反求诸己与自我价值的实现。我会从以下两个方面和大家共同探讨。

一、在关系中谈自我实现

和西方思想不同，儒家思想从来没有单独谈过自我，而是将自我置于关系的大背景中去谈论。在儒家先贤的著作和社会实践中，我们发现，每个人的关系可以分为以下三种：人与自我的关系（修身）、人与家庭关系（齐家）、人与社会的关系（治国平天下）。

1.人与自我的关系（修身）

关于如何处理人与自我的关系，儒家给出的解决思路是诚意正心。那什么是诚意正心呢？在孔子的弟子曾子所著的《大学》中有这样一段话：

所谓诚其意者，毋自欺也。

“毋自欺”，就是自己不欺骗自己，对自己很诚实，既不高看自己，也不低看自己。由于生存的需要，我们往往需要戴着“面具”去工作和生活，以至于我们很少能真诚地面对自己，很少关注自己的真实需要，这就很容易使我们也看不清自己的真实面目，自己给自己制造假象，这就是一种自欺。

如何做到“毋自欺”？我认为每个人都可以每天抽出一小段时间独处，抛开外界的要求、压力，彻底、完全地把自己放空，不加评判，只是静静地观察自己，体会自己的真实需要，关怀一下本来的自我。

在这里，我想跟大家分享一个能帮助提高自我觉察能力、做到诚意不自欺的方法，这个方法名叫非暴力沟通。它是著名的马歇尔·卢森堡博士发现的一种沟通方式，依照这个方法来谈话，能使人们情意相通、和谐相处。

由于非暴力沟通是一个很大的体系，在这里我只简单介绍和这节主题相关的四个步骤，且在每一个步骤中给出了一个自我对话的句子样式。

第一步是观察。观察那些自己看到的、听到的、回忆起的、想到的具体行为；第一步观察中自我对话的句子样式是这样的：“今天，我看到（听到、想到）……”

第二步是感受。这里说的感受是来自情感的，而非思想的。这一步自我对话的句子样式是：“看到这些，让我感到……”

第三步是需要。想想是什么样的需要或价值（而非偏好或某种具体的行为）导致了那样的感受。这一步自我对话的句子样式是：“我感到……，是因为我需要或看重……”

第四步是请求。清楚地请求（而非命令）那些能丰富自己生命的具体行为。这一步自我对话的句子样式是："我是否愿意……"

需要说明的是，这四个步骤不仅可以用来处理人与自我的关系，也可以用来处理各种社会关系。但是，正如一切方法都需要有明师指导以及经常演练一样，这个方法也需要因时、因人进行变通。

2.人与家庭的关系（齐家）

我们先整体看一下人与自我、人与家庭、人与社会这三种关系。这三种关系层层递进，一环套一环，每一层关系都有上下移动的可能性。而人与家庭的关系，即齐家，正好处在中间位置，是上下移动的枢纽。

按照儒家的思想，齐家的功夫做到位了，向上就可以治国平天下，向下至少可以管理自己，让自己变成对社会有用的人。其实，这一套可上可下的系统设计，正是孟子所讲的"穷则独善其身，达则兼济天下"的内涵之一。当然，先秦儒家所讲的齐家中的"家"，并不是我们理解的小家庭，而是类似现在所讲的家族管理的概念，是具备一定自治功能、基于血缘关系形成的小共同体。这一点需要和大家澄清。

至于人与社会的关系（治国平天下），不在我要讲的范围内，就留待其他机会再和大家分享。

二、自我实现的途径

关于自我实现的途径，我们先来看《论语·雍也篇第六》第三十章中的一句话：

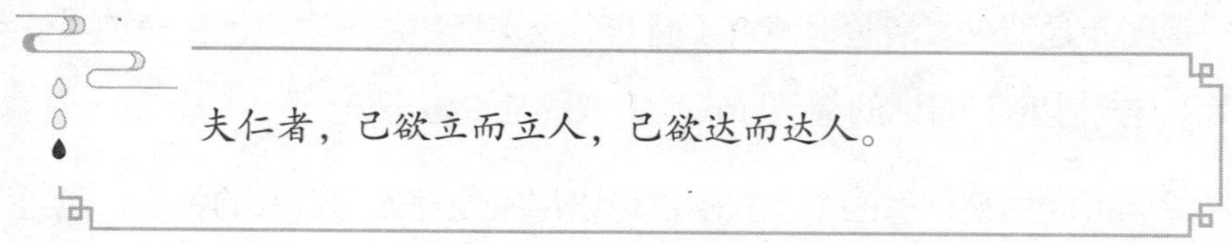

这句话的意思是说，一个仁者，自己要在社会中立足，自然会想到去帮助他人站稳脚跟；自己要有所作为、有所成就的时候，自然也会想到去帮助他人实现理想和人生抱负。关于这点，我们从做事业的角度，和大家分享一些注意事项。

1.顺其自然

“己欲立而立人”一句中说了“立人”，可没有说一定要“立人”。关于这点，做事业的朋友们要特别注意。在实际工作中，公司的管理者可能会觉得某位员工工作表现不错，人品也好，总想提拔他。可往往是不提拔还好，一提拔就搞得公司鸡飞狗跳，不得安宁。这个时候，管理者要先想想：他自己做好准备了吗？是否只是我自己的意愿，而忽视了他的实际情况和个人意愿呢？

2.注意相对性

儒家特别讲究关系的相对性，如父慈子孝、兄友弟恭等，都是一对一对组合在一起的，父要尽到做父亲的职责，子当然会坚守做儿子的本分；而且在讲关系的时候，都会先讲在上位的人的本分，如先说父慈，才说子孝；先说兄友，再说弟恭。

进一步理解，从儒家的观点来看，每一个人都要先尽到自己的本分，比如作为父亲，不能先指望子要孝，而应该先尽到自己做父亲的本分。

若从管理的角度来体会这种相对性，那么管理者在面对下属的时候，不应先要求别人，而应先把自己的位置摆正，先把自己的管理职能做好，之后才能问心无愧地与下属互动。

第三章 礼乐大用

第 1 节　礼者，履也

礼在儒家的思想体系中，是个非常重要的概念，涉及的内涵和外延既深又广。而且，更重要的是，礼的概念和内涵，和我们做事业有着千丝万缕的联系。因此，在这里我想尽量和大家讲清楚相关内容，但是本人才疏学浅，如有错误的地方，也请大家谅解和指正。

在正式讲和礼有关的内容之前，我要先讲一下礼这个字。

汉朝许慎的《说文解字》中是这样解释这个字的："礼者，履也。"

履就是我们所说的鞋子。我们知道，孔子一生都希望能够复兴周礼，重新建立所谓礼乐大兴的社会和文化体制。所以，礼在孔子心中是一整套的文化理想、社会制度及风俗演变。简单来说，礼一定是一个高贵的东西，值得孔子他老人家用一生去追求、去守护。结果，这么高贵、这么有文化内涵的一个字，到了许慎这里，就用了一个我们天天看得见、被我们踩在脚下的履来解释。这也太不看重礼了吧！而且你可能也会奇怪，礼和履也不相干啊。

我也是在有了一些人生阅历之后才发现，原来许慎确实是通晓礼的本意的，否则他不会用履来解释礼这个字。难怪当时的人称他为 "五经无双”，果真名不虚传!

接下来，我们就来和大家一起深入地思考一下这其中的奥秘。

第一个奥秘是百姓日用而不知。

人除了睡觉，其他时间基本都需要穿鞋。履就是脚上穿的鞋子，它本是日常之物，我们很难留意到它的重要性，可是假如有一天没有了鞋子，那么我们的工作、生活都要受很大影响。这一点大家应该不会反对吧？儒家思想最了不起的地方，就在于它创造了一整套文化体制，而且以所谓浸润式的方式进入人们的心灵，让大家不自觉地与人生的大道相通，儒家经常讲的“百姓日用而不知”“道不离人，人不离道”等说的都是这个意思。《说文解字》中用鞋子来阐述礼的深意，就在提醒我们，礼也跟鞋子一样，平常我们不一定清楚它的重要性，可谁也离不开它，而且是在“不自知”的情况下，离不开它。

鞋子穿在脚下，为在下之物，而礼为高贵之物。关于高贵，我们来讲一段子贡和孔子的对话。这段对话记录在《论语·公冶长篇第五》的第四章，原文如下：

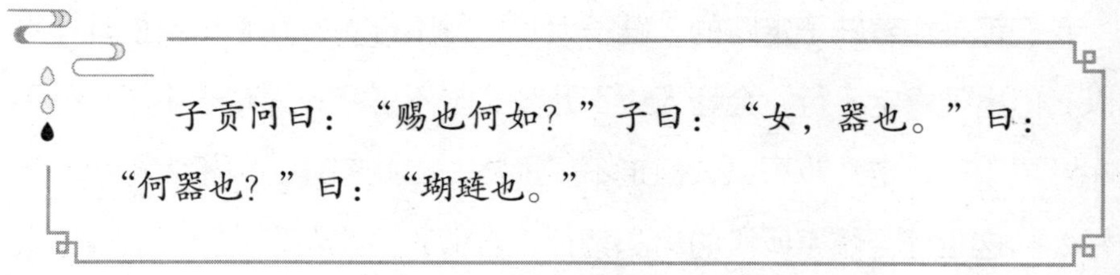

子贡问曰：“赐也何如？”子曰：“女，器也。”曰：“何器也？”曰：“瑚琏也。”

大意是这样的，子贡问孔子对自己的评价，孔子说他是一件器具。子贡又问那是什么器具呢？孔子说是瑚琏。瑚琏可不是普通的器具，它是用竹子做成、用玉来装饰的，既贵重又华美，是古代举行重要仪式时摆在庙堂之上的重要器具。

瑚琏，反映了礼制的内在精神，是礼在高贵层面上的表现。但是我们也应注意到，有些人身份贵重就像瑚琏，如子贡是治国安邦之才；有些人的身份当然就没有那么高贵了。可是，无论身份如何，大家都需要穿鞋子，鞋子虽然价格、材质、样式各有不同，但是给人们提供的功能是一样的，都是用来保护脚的。这就好比说，鞋子是人人必需之物，而礼呢，同样也是如此。礼和鞋子，都是人人需要的，是百姓日用而不知的。

可是鞋子无论再怎么修饰，始终是处于下位的。这么看起来，礼在上，鞋子在下，两者处于不同的位置。但其实呢，用鞋子来解释礼，正是说明礼是从上到下贯穿人的每个成长阶段的，而且，整个社会也是从上到下都需要礼的。

现代人特别爱说“接地气”这句话，鞋子恰恰是最接地气的，那么，同理，礼也应该是最接地气的。

第二个奥秘是中和。

我们都是穿着鞋子走路的，鞋子大了，行不行呢？在家里当拖鞋穿穿可以，但出门肯定不行，会让人迈不开步、走不了路；那鞋子小了，行不行呢？更不行，走几步可以，但走不了远路。因此穿鞋必须不大不小、恰到好处。这正符合儒家所讲的中和精神，告诉我们在做事的时候，既不要激进，也不要懈怠，持之以恒，定会有自己的一片天地。

这就是从礼和履的关系中体会出来的两个奥秘，所以，我觉得许慎太了不起了，他一定是很精通礼的人。我们再回到《论语》本身，来和大家讲讲礼的本。

我们在前面提到了“君子务本，本立而道生”，那么在探讨礼这个概念的时候，我们就需要探讨一下什么是礼的本。先看《论语·八佾篇第三》第四章中的一段话。

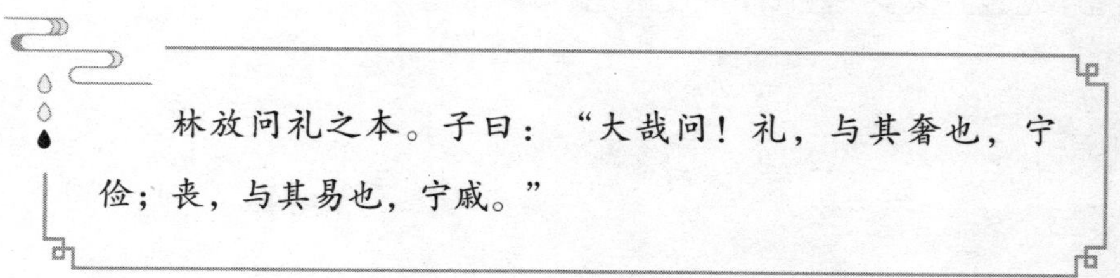

> 林放问礼之本。子曰：“大哉问！礼，与其奢也，宁俭；丧，与其易也，宁戚。”

大意是这样的：林放问孔子什么是礼的本，孔子的回答很巧妙，他并没有直接回答，而是告诉林放，礼节仪式，与其奢侈，不如节俭，而就丧事来说，仪式上置办得再周全，也不如内心真正哀伤重要。为了让大家更深入地体会儒家思想，我们将这段话与前面提到的《孔子家语》的六本第十五篇以及诸葛亮的《诫子书》对照来看。《孔子家语》中提到的“丧纪有礼矣，而哀为本”，对应的就是这里的“丧，与其易也，宁戚”。而《诫子书》中提到的“静以修身，俭以养德”，对应的则是这段中的“礼，与其奢也，宁俭”。

在孔子与林放的这段对话中，孔子并没有直接回答什么是礼的本，但却透露出了礼的本和什么有关。我们说，礼的本至少和两点有关：真实、诚敬。以对话中提到的丧礼为例，假如没有真实的情感流露，没有内心的诚敬，无论丧礼办得多么隆重、多么周到，也只是做个样子，自欺欺人罢了，和真实一点都不沾边。

现代学者研究发现，礼包含一整套的文化、习俗、制度安排等，是一个很大的概念。我们所讲的企业制度，放在古代，其实也只是“礼”的一部分。我们看到很多企业有很好的制度，不过可惜的是这些制度只是挂在墙上的制度、落在纸面上的制度，真正在执行层面实行的却是另外一套，是典型的说一套做一套。我们说礼的本和真实有关，和诚敬有关，那么我们是不是也应该多关注一下制度落地的真实效果呢?

第2节 礼、义、利——儒家的事业基本点

现在是一个工商业发达的社会，考虑到这个时代背景，我们就分别从礼和义、义和利的关系来谈谈礼。

我们来看《论语·卫灵公篇第十五》第十八章的一段话。

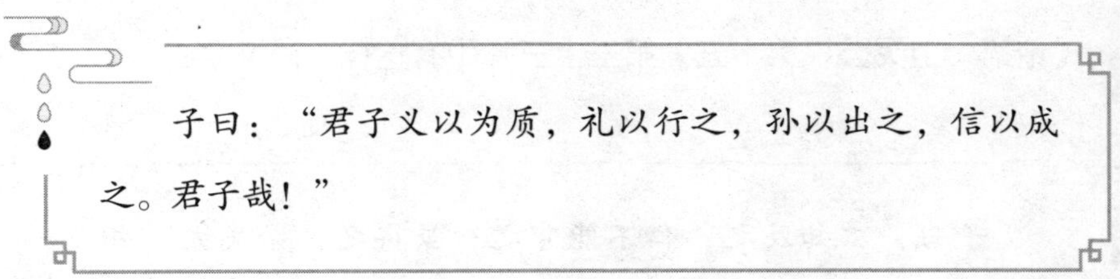

子曰：“君子义以为质，礼以行之，孙以出之，信以成之。君子哉！”

在这里，孔子说，君子做事以道义为基础，依礼仪来执行，用谦逊的语言来表达，用诚实的态度来完成，这样才算是真的君子。可以说，这段话从个体层面详细阐释了义和礼的关系。

假如从组织的角度来体会这段话，或许我们可以这样理解：企业创始人或者说企业负责人的内在价值观，类似于义，基层员工表现出的对外态度，类似于礼。义在内，礼在外。通常情况下，客户不会直接接触到一家企业的高层，而只能通过一线员工的态度（礼）来体会企业从上到下贯彻的价值观（义）。

那么，从国家治理层面上来谈义和礼的关系，该如何理解呢？我们来看先秦古籍《左传》中的一段话，原文是这样的：

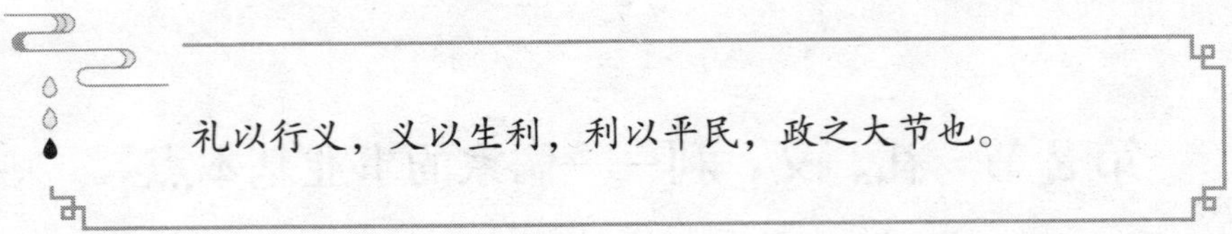

礼以行义，义以生利，利以平民，政之大节也。

“礼以行义”和《论语》中的“义以为质，礼以行之”的意思差不多，都在讲义在内，礼在外。但是接下来文字的意思就有很大的不同了。《左传》中提到的“义以生利，利以平民，政之大节也”，是从义、礼出发，最后升华到让百姓得到利益、保证百姓生活权利的层面，这就是为政的关键之所在。整段文字的高度最后落在了国家治理上。

《论语·卫灵公篇第十五》第三十三章中有这样一段文字：

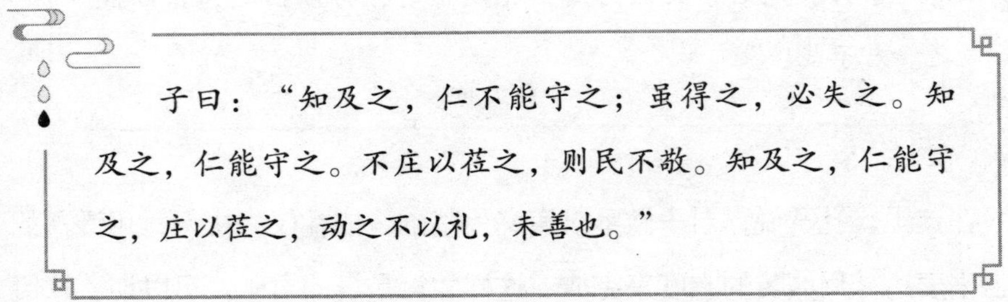

子曰：“知及之，仁不能守之；虽得之，必失之。知及之，仁能守之。不庄以莅之，则民不敬。知及之，仁能守之，庄以莅之，动之不以礼，未善也。”

在这里，孔子讲到了做人、做事的一些大原则。他说，一个人有智慧、有见识、有眼光，但是如果内心的仁德不够，那么即使得到了一些成绩，最终也必然会失去；假如有智慧、有见识，且又有一颗仁德之心，但为人处事缺乏足够的诚敬之心，那么民众也不会从内心敬服他，他的人生和事业最终也会出问题；那如果这个人有足够的智慧，有仁德之心，也能以足够的诚敬之心去面对外部世界，但是他的行为举止还不能做到处处有礼、有原则，那么他还是有缺陷的，不能算尽善尽美。

这段文字是层层递进的关系，顺着智慧、仁德、诚敬、礼法来讲，次第分明，可以说为真正想做事业的人指明了一条创业与守业的大道。

关于这段话，我想再简单讲几句。

首先，请大家注意“知及之，仁不能守之；虽得之，必失之”这句话。一些企业可能正处在转型的困境中，我建议这些企业的领导者不妨顺着这句话深入思考，看能不能打开一些新的格局？

另外，近些年来有不少人喜欢研读阳明心学，其实这段文本中的“仁能守之”，正是王阳明先生的本名王守仁的出处。虽然王阳明先生的思想中糅杂了不少其他体系的内容，但是他仍是一代大儒，且做到了儒家三不朽：立德、立功、立言。若是脱离孔子学问来体会阳明心学，那阳明心学恐怕会成为无本之木、无源之水。当然，我们这里并不是要探讨阳明心学，因此就不展开讨论这个话题了。

刚才我是从义和礼、义和利的关系来体会礼的，下面我将从系统的角度和大家分享一些关于礼的更多思考。先来看一段来自《资治通鉴》的文字。

> 臣光曰：臣闻天子之职莫大于礼，礼莫大于分，分莫大于名。何谓礼？纪纲是也。何谓分？君臣是也。何谓名？公、侯、卿、大夫是也。

在这里，司马光花了很大精力来说明礼的重要性。他说，在天子的职责中，最重要的一个就是维护礼教。而维护礼教最重要的是区分地位，区分地位最重要的是匡正名分。什么是礼教？就是法经。什么是区分地位？就是君和臣，二者处在系统中不同的等级地位上，高位是君位，低位是臣位。那什么是名分？就是公、侯、卿、大夫等官爵，就是政治系统中不同角色的名称，拥有较大权力的贵族，古人称之为公；处在低一级、拥有较小权力的贵族，古人称之为侯，以此类推。请大家注意，不管是君臣，还是公、侯、卿、大夫，他们都处在同一个系统中，只是拥有的权力、所处的地位、对应的名称不同而已。

不难看出，礼和系统中的角色、功能、上下位置都有关系，为了更好地说明其中体现的礼的内在精神，我们将从家庭和系统排列两个角度再往深里谈一谈。

首先，我们按照儒家传统的思想习惯，先从家庭的角度来讲述。家庭关系是一种简化了的、特殊的社会关系，也是一种建立在血缘和亲情基础上的社会关系。只要有关系存在，就会有不同的位置和对应的角色名称，儒家将其称为名分。人有自然和社会两种属性，我们一出生，就在各自的家庭中有了自己的序位，同时也自然有了一个所谓的名分。比如，对于父母而言，我们是儿子或者女儿；对于兄长而言，我们是弟弟或妹妹；而对于弟弟、妹妹来说，我们是兄长或姐姐，这就是我们的自然属性。

那么从社会属性上该如何理解呢？一般来说，在亲子关系中，父亲对孩子的付出，从时间上要早于孩子对父亲的付出，从权重上也要高于孩子对父亲的付出。所以在社会属性上，父亲的角色地位是高于孩子的角色地位的。这样就像楼梯一样，有了上下高低之分，自然也就有了权利和义务上的差别，这也就是传统文化中父子之间所体现出来的名分上的不同。

接下来我们从更大的视角来体会礼，这样或许更能看清楚礼的深意。

德国的伯特·海灵格博士整合并创造出来的系统排列，是集生命哲学、系统论、心理动力学、应用心理学等学科为一体的体系。海灵格博士发现，每个人都隶属于某些系统，可能是一个家庭中的一员，可能隶属于某个组织或者住在某个社区等，而且更重要的是人本身就是一个系统，是身心整合在一起的系统。这些大大小小的系统相互联系、相互连接，就构成了一个完整的、大的系统。

具体到家庭系统中来说，系统排列的研究发现，每个家庭系统中都有一套普遍存在的“自然秩序”，影响着系统中的每一个成员。假如每个成员的角色、功能和位置都恰到好处，那么整个家庭系统就会良好地运转，这时作为个体的人，就会减少自己的内在冲突，在系统中找到属于自己的位置，从而使家庭和睦。

这里所讲的恰到好处，按照儒家和《论语》中的思想来说，就是“君君，臣臣。父父，子子”，意思是说君主要有君主的样子，臣子要有臣子的样子；父亲要有父亲的样子，儿子要有儿子的样子。谁脱离了自己角色的位置、定位和要求，谁就会受到系统的制约。

第3节　个人成长和组织发展离不开礼

在讲到学问，尤其是和做事业相关的学问时，我们要特别注意学以致用。今天我们就本着学以致用的目的，从个人和组织两个层面和大家讲一讲礼在当代的用途。

我们还是从《论语》的文字开始，先讲讲在个人层面上该如何理解礼的用途。《论语·雍也篇第六》第二十七章中有如下一段话。

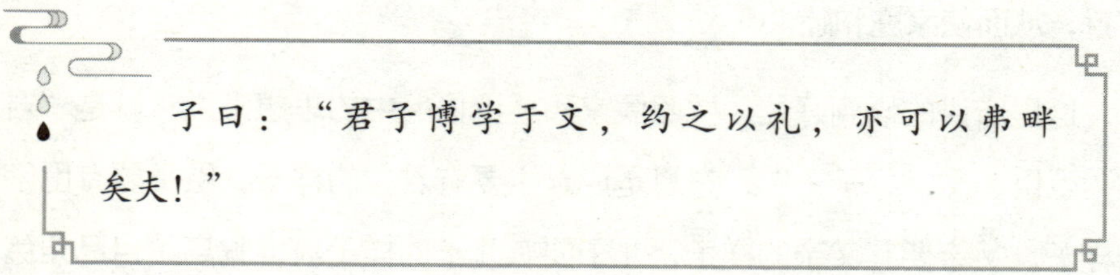

子曰："君子博学于文，约之以礼，亦可以弗畔矣夫！"

孔子在这里，讲了一正一反两件事。首先是"博学于文"，这里面的"文"，不仅仅指文学，而代表了人文的方方面面，意思是只有博学才能打通人文的不同分支，然后才能知道人文的全貌和深刻内涵。其次是"约之以礼"，讲的是人的生活、事业都要符合礼的内在精神，都要受礼的约束。如果一个人能做到这两点，那么他的人生道路就没有偏离基本的"轨道"。我们还可以这样来体会：一个人，在他没有最终确定人生走向的时候，尤其是在青年时期，他可以尽可能地去尝试不同的领域，接触不同的知识技能，同时要把这些通过不断尝试、学习得来的知识技能以及经验，在符合社会规范的大前提下，进行归纳总结，以指导自己的人生实践。这样做可以让自己发现人生更多的可能性，同时也能更多地突破自己的心理舒适区。

我们常说“一个好汉三个帮”，也常讲“在家靠父母，出门靠朋友”，做事业尤其讲究人脉。但是对于想做事业的人来说，光有朋友可能还不够，彼此之间要有深厚的兄弟情义，能同甘共苦才更重要。《三国演义》中刘备、关羽和张飞的生死情义，才是创业中齐心协力的“样板”，由此我们就不难理解为何很多事业中人爱说“四海之内皆兄弟”了。大家知道吗？这句带有明显江湖气息的话，出自《论语》。

在《论语·颜渊篇第十二》的第五章，有这样一段话：

司马牛忧曰：“人皆有兄弟，我独亡。”子夏曰：“商闻之矣：死生有命，富贵在天。君子敬而无失，与人恭而有礼。四海之内，皆兄弟也——君子何患乎无兄弟也？”

孔子的一位弟子司马牛有点担忧，他说，大家都有兄弟，而他却没有。这确实是一种缺憾。听到他的这句话，孔子的另外一位弟子子夏显然不同意，他说他曾听过“死生有命，富贵在天”的说法，一个有君子品性的人，做人、做事有诚敬之心，对待别人恭敬有礼，假如做到了这些，那么四海之内都是兄弟。君子何必担心自己没有兄弟呢？

子夏是一位帝王之师。他曾经教过或者影响过包括魏文侯、名将吴起等很多那个时代的风云人物。这是一位对孔子学说的流传起到重要作用的大儒，他讲过很多流传千古的名言，这些言语实际上很能反映子夏的人生格局和见地。

从语意上看，“四海之内皆兄弟”的前提是君子行为上要做到“敬而无失，与人恭而有礼”。“敬而无失”又分为两个部分，第一是“敬”，第二是“无失”。“敬”是诚敬之心，“无失”是诚敬之心带来的结果。我们之前多次说过，儒家的学说很注重言行一致、表里如一。拿这句来讲，“敬”指内在，“无失”指行为，合在一起，就是内外一致，注重结果。

“敬”也分对人的“敬”和对事的“敬”。我们之前讲过，《论语·公冶长篇第五》第十七章的一句话：

晏平仲善与人交，久而敬之。

晏平仲和人交往的时间越长，他对别人越恭敬有礼，别人对他也同样报以恭敬之心，这样就能在交友方面做到善始善终。这是《论语》中讲到的对人的“敬”。

第一章中讲过的“出门如见大宾，使民如承大祭”，就是对事的“敬”。

我们之前给大家推荐过一本书，叫《康熙教子庭训格言》，这里面有这样一段话：

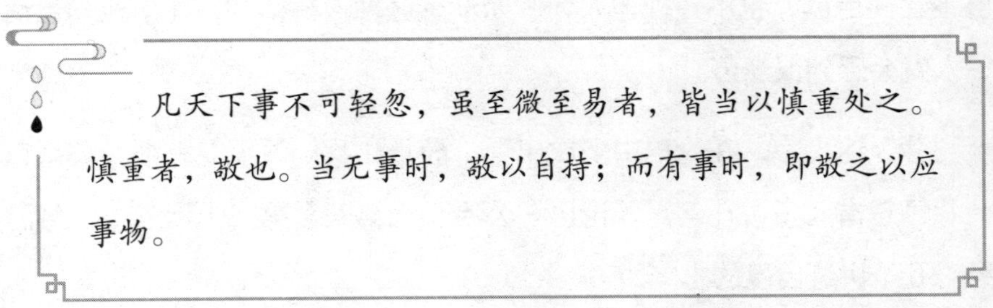

凡天下事不可轻忽，虽至微至易者，皆当以慎重处之。慎重者，敬也。当无事时，敬以自持；而有事时，即敬之以应事物。

大意是这样的，对于天下发生的任何事情，都不可忽视、掉以轻心，即便是看起来最小、最容易的事情，也应当以慎重的态度去应对，这种慎重，就是“敬”。没有事发生的时候，以“敬”来进行自我管理；当有变故发生的时候，以诚敬之心来应对万事万物。这段话显然是康熙的切身体会。

我们接着讲“恭而有礼”。为了让大家更好地体会“恭而有礼”的内涵，我反过来讲一下“恭而无礼”会造成什么后果。《论语·泰伯篇第八》的第二章中有如下记载。

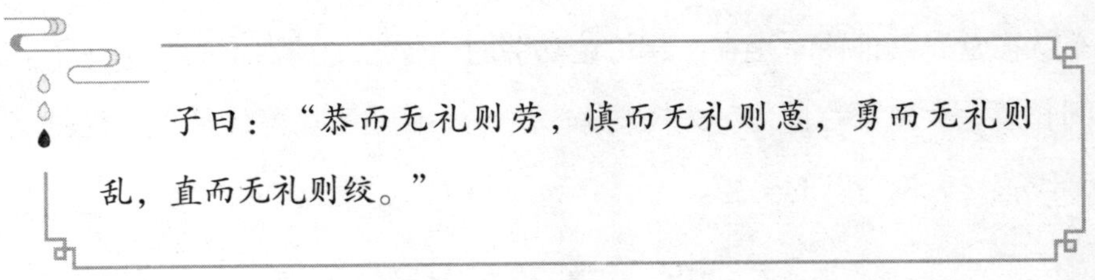

子曰：“恭而无礼则劳，慎而无礼则葸，勇而无礼则乱，直而无礼则绞。”

这一段话中讲到了四个无礼，我们重点讲一下“恭而无礼则劳”。孔子说，假如只有被要求的恭敬之心，而没有礼的内在精神，人就会过得很辛苦，会有压迫感，也会有劳扰不安的感觉。礼的本质在于通达人情，其内在精神之一，就是“自敬敬人”，即自己不高看自己，也不高看他人；自己不轻视自己，也不轻视他人。假如没有这种内在精神，在事业和生活中，人就会感到很辛苦。

“劳”这个字，在论语中多次出现，而且和我们做事业有很大关系，因此我还想借此多讲几句。《论语·公冶长篇第五》第二十六章中，颜渊曾经对孔子讲过自己的志向。

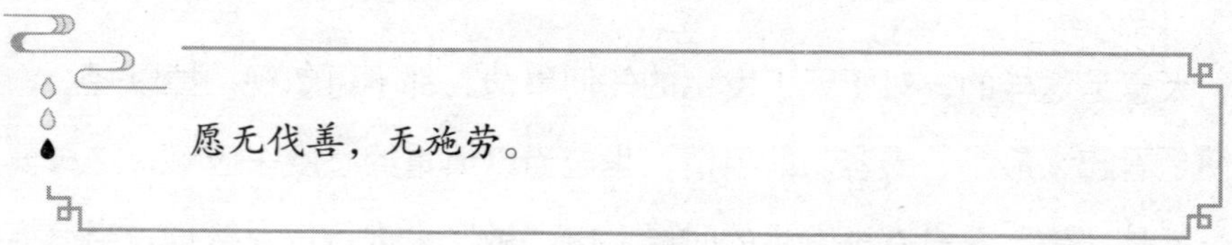

愿无伐善，无施劳。

这句话的意思是讲，虽有善行和贡献，却不夸耀；对可能会造成他人劳扰不安的事情，自己来承担。

为了能让大家更深入地理解这一点，我们再讲一个历史上真实人物的故事。故事的主人公叫冯异，是东汉的开国名将。

冯异为人谦虚退让、不自夸。他很能打仗，且战功卓著，但是，每当军队宿营，其他将军坐在一起讨论功劳时，他总是独自退到大树底下。时间长了，大家都称他为“大树将军”，士兵们也都愿意跟随他。这就是“无伐善，无施劳”的美德。

第4节 礼之用，和为贵

这一节我们将接着前面的话题，在更深的层面上来体会礼的用途。先来看《论语·学而篇第一》第十二章的原文。

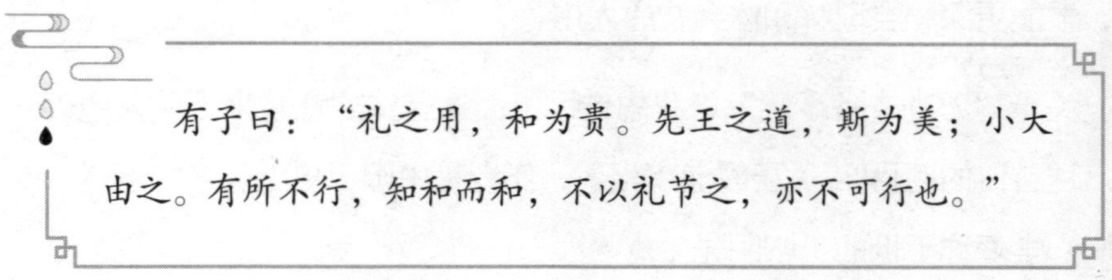

有子曰：“礼之用，和为贵。先王之道，斯为美；小大由之。有所不行，知和而和，不以礼节之，亦不可行也。”

在这里，孔子的弟子有子直接讲出了礼用途的精要之处，就是“礼之用，和为贵”。那么，要理解礼的大用，显然就要先理解“和”这个字。我们首先从“和”字的本意开始讲起。

“和”这个字，在《说文解字》中的原意是相应。那什么是相应呢？我们知道音乐中有和声的说法，是指两个或两个以上不同的音按一定的规则同时发声而构成的音响组合。这个解释就透露了“和”的一个重要信息，即要达到“和”，达到相应，需要有共同的基础。比如说要产生和声，首先要求大家都发音，假如都不发音，怎么去“和”；其次是大家要按照一定的规则来发音，否则，也没有办法产生和声。这两点就构成了和声的基础。

其实人和人之间、组织和组织之间要产生“和”，也必须有共同基础。人与人要达到“和”的境界，我想至少要有两个共同基础。一个是不同的分工，各自发挥长处，才能达到真正的“和”，否则只能相互摩擦；第二个是人性的共通点，即我们前面提到的“性相近”。《孟子·尽心上》中有这样一句话，叫“万物皆备于我”，意思是说万物和我们在本体上都是一体的，那么人和人之间那就更是一体的了。正因为彼此在本体上有所和、有所呼应，我们才有潜在的能力去关爱人和一切物类。

我们只有透彻地理解“万物皆备于我”，然后才能理解“和”这个字，才能更深一层理解和体会礼的大用。

关于“万物皆备于我”，我想借助下面这首诗的意境来更深入地讲一下。这首诗的题目叫《碧霞池夜坐》，作者是中国历史上著名的圣贤、以阳明心学著称于世的王阳明先生。

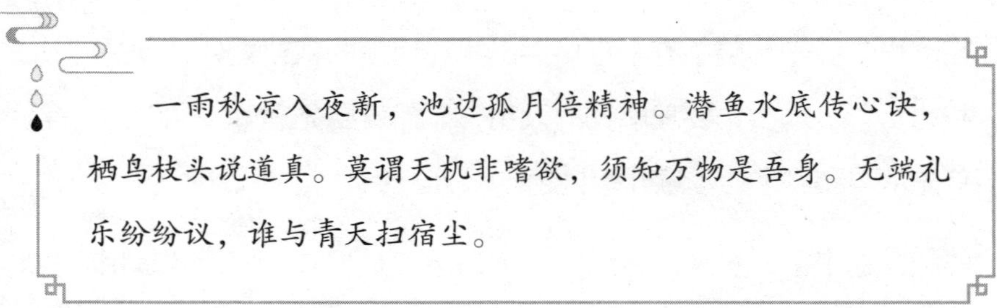

一雨秋凉入夜新，池边孤月倍精神。潜鱼水底传心诀，栖鸟枝头说道真。莫谓天机非嗜欲，须知万物是吾身。无端礼乐纷纷议，谁与青天扫宿尘。

这首诗意境很高，文字也很美，当然，更重要的是我们要能看到文字背后的深意。这首诗写于王阳明先生龙场悟道之后，他借景抒情，讲述的是他的见地和达到的境界。从感受的角度来讲，这里面的每一个字都是有力量的，都是有重要的位置感的。关于字词的位置感和力度，我以心理咨询为例。在心理咨询中，重要的话是不能乱讲的，因为在关键环节中，重要字词的使用可能会对来访者的未来产生重大的影响。中国古人的遣词造句绝对是非常高妙的，每一个字都用得恰到好处，一字都不能改，前后不能调，上下不能移。例如第二句中的“传”和“说”这两个字就不能改，更不能互换位置，否则感觉就完全不一样了。

我认为写文章更像排兵布阵，讲究谋篇布局，可以有比较充足的时间来考虑和推敲字句。而写诗则不同，所谓“诗言志”，一首诗的完成，往往是情之所至，讲究即兴而发，言之有物，实为应景之作。相比而言，由于缺乏充足的时间，作诗往往更接近直觉思维，直抒胸臆，从某种程度来看，也更接近诗人心中的意境。

《论语》中说“兴于《诗》，立于礼，成于乐”，这一兴一立一成，乃儒家所谓诗教、礼教、乐教之化，是孔子高明教育法的体现。诗偏重抒发内心直观情感；礼偏重人生修养，让人进退有节；乐偏重养人性情，让人生温润滋养。诗、礼、乐三者环环相扣，圆融无碍，这确实高明之极。

《中庸》里关于“和”有这么一段话：

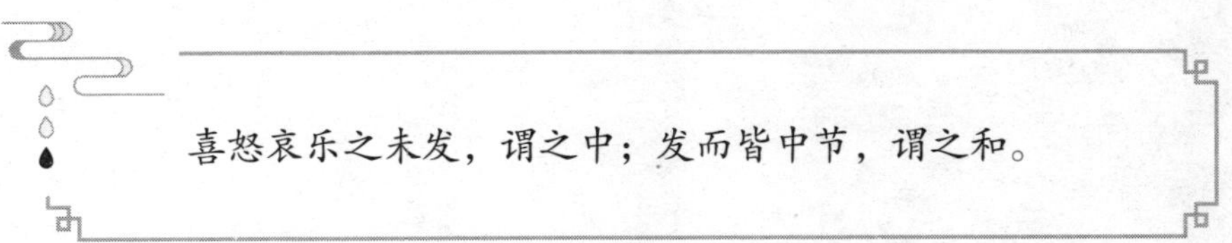

喜怒哀乐之未发，谓之中；发而皆中节，谓之和。

《中庸》用喜怒哀乐来比喻“和”的境界，这也是非常巧妙的比喻。因为每个人都有喜怒哀乐的情绪，而情绪是最靠近我们内心、靠近我们本性的，用它来比喻，就可以让每个人都能通过自身的直观感受，来体会什么是“和”。

再来了解“中节”的意思。《黄帝内经》中有“时立气布”这个词，讲的是，时间确立后，一到这个时间点，气就要跟着到了。以二十四节气中的立春为例，如果时刻到了，立春的气还没有来，中医称之为不及；如果时刻还没有到，立春的气便已经到了，则称之为太过。因此必须是立春的时刻到了，气也到了，时间和气配合得刚刚好，春天就正式开始了，没有不及，也没有太过，这就是“中节”，也是中国人讲的天地之道。

按照语意理解，人有情绪而没有发出来，是“中”的境界；发出来且能够有所节制，没有不及，也没有太过，那就是“和”的境界。只有静下心来观察天地万物的运转，我们才有可能深入体会到“和”的妙用，才能知道儒家的古圣先贤是多么的高明。

第 5 节 内外圆融的礼乐之道

礼乐这两个字，对于在人世间修行的人来说是非常重要的。

我反复提到本书的写作目的就是让在事业中修行的人能更好地理解《论语》和儒家的思想。所以，我们还是从在事业中修行的角度来看礼乐。

一、孔子对礼乐的态度

在正式探讨之前，我们来讲一讲孔子对于礼乐的态度。《论语·先进篇第十一》第一章的原文：

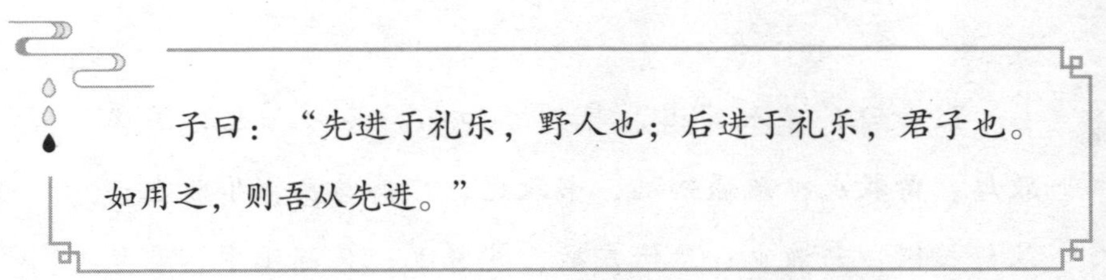

子曰："先进于礼乐，野人也；后进于礼乐，君子也。如用之，则吾从先进。"

在这里，孔子很清晰地表达了自己对于礼乐的态度。他说，在礼乐方面，先辈们带有朴野之气，是"野人"。随着时间推移，人类有了文化，有了礼乐，有了受文化熏陶的机会，也就变成了君子，这个时候的人，在礼乐方面的要求越来越细密，可内心的朴素却越来越少，如果要用到礼乐，那么他更愿意学习先辈的朴野。

其实这里谈到的“吾从先进”，从本质上说，和我们在第三章第2节中讲到的“君子义以为质，礼以行之”的意思差不多，讲的都是要注重内在价值。俗语“仗义每多屠狗辈，负心多是读书人”，也是类似的意思。一个人读书多了，可能心思也就多了，在做人、做事方面，恐怕还不如那些不读书、不耍小心眼的人来得更加实在。

二、从教育的角度谈礼乐

儒家的教育讲究礼乐并重，我们之前也讲到过，《论语》中说“兴于《诗》，立于礼，成于乐”，这确实是孔子高明的教育法。

讲到“兴于《诗》，立于礼，成于乐”，我们就需要看一下《礼记·经解》中的一段文字，这段文字用很简单的语句解释了“六经”，也就是“诗书礼易乐春秋”的教育特点，原文不难，但是很重要。

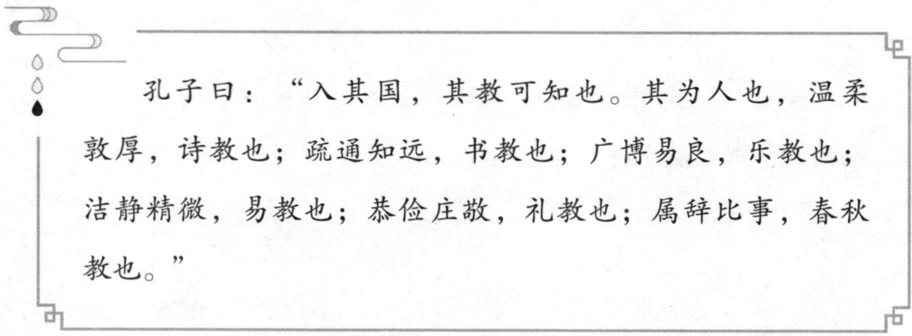

孔子曰：“入其国，其教可知也。其为人也，温柔敦厚，诗教也；疏通知远，书教也；广博易良，乐教也；洁静精微，易教也；恭俭庄敬，礼教也；属辞比事，春秋教也。”

这一段提到了上古“六经”相关的教育特点，考虑内容的相关性，我们只能先简单讲讲对诗教、礼教和乐教的理解。

1.诗教

“其为人也，温柔敦厚，诗教也。”所谓诗的教育，就是要培养一个人温柔敦厚之性。一个人为人厚道、温文尔雅，也就是这里所说的“温柔敦厚”。古人形容孔子“温良恭俭让”，这里面的“温”字，也是类似的意思。

2.礼教

“恭俭庄敬，礼教也。”这句讲的是，通过礼的教化，一个人可以做到恭敬、俭约、庄严、肃穆，对人、对事充满诚敬情义。“恭俭庄敬”是中国人讲的立身之本，所以，孔子在《论语》中才说“不学礼，无以立”。历代成大事的人，都特别注重“恭俭庄敬”的内在精神。

提到“恭俭庄敬”，我们讲一个故事。这个故事记载在《庸庵笔记》这本书中。书的作者是清末著名的外交家、洋务运动的重要参与者之一薛福成。他曾经做过曾国藩的幕僚，后来又跟随李鸿章，是清末著名的外交家。在这本书中，他记载过一个曾国藩教育李鸿章的故事。

曾国藩每天黎明时分就起来，召集幕僚们一起吃早餐。曾国藩是湖南人，而李鸿章是安徽人，在清末安徽属于广义上的江南，风俗习惯与湖南不同，李鸿章并不习惯早起用餐，于是经常找各种理由不参加早上的会餐。有一天，李鸿章又说自己头痛，不去和大家一起吃饭。大营中的马弁、差人、巡捕不停地去催他起来会餐，可他迟迟不肯起来。直到听到曾国藩传话说，一定要等所有幕僚都到齐才用餐，他没有办法，只好硬着头皮、穿上衣服赶去会餐。会餐中，曾国藩一句话也没有说，待大家吃完后，他把筷子一放，面色一变，对李鸿章说："少荃（李鸿章字少荃），你既然来到我的幕府，我有些话要告诉你，在我这里，最看重的就是一个'诚'字。"说完这句话，他就离席而去。曾国藩的言语和行为让李鸿章心中一震，这一棒子，打得可不轻。《庸庵笔记》一书中还交代，曾国藩认为李鸿章为人有才气，只是缺乏与才气对应的恭敬俭约之心，于是才借此机会特意杀杀李鸿章的傲气，让他有机会成就大才。

《曾文正公嘉言钞》中也曾记载曾国藩的一段话："凡道理不可说得太高，太高则近于矫，近于伪。吾与僚友相勉，但求其不晏起、不撒谎二事，虽最浅近，而已大有益于身心矣"。这句话的意思就很明了，大家可自行体会。

3.乐教

《礼记·经解》中是这样解释乐教的："广博易良，乐教也。"这句话的意思是说，经过乐教的熏陶，一个人可以变得胸怀坦荡、平易善良。

礼教和乐教的概念看起来不难懂，可要真的理解进去却也不是那么容易的。我们把古人对于礼教和乐教的分析和比较放在一起来体会，大家或许就能理解其中的深意了。

《礼记·乐记》里面有不少对比礼教和乐教的内容，我摘录了两段，这两段直接点明了礼和乐的区别和联系。

我们先来看第一段。

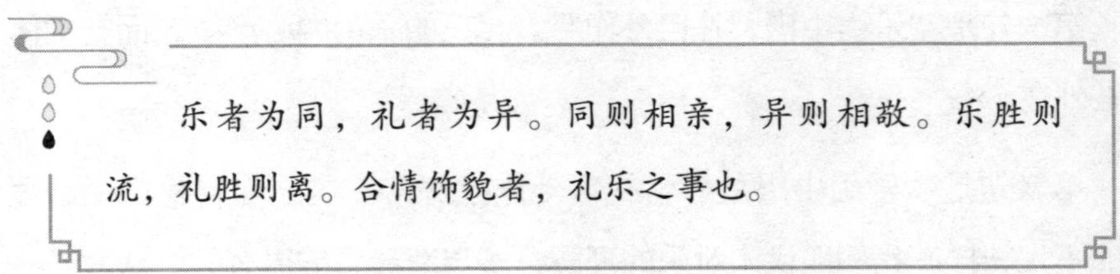

乐者为同，礼者为异。同则相亲，异则相敬。乐胜则流，礼胜则离。合情饰貌者，礼乐之事也。

第一句为“乐者为同，礼者为异”。乐强调的是同的作用，同有同化、协调的意思；礼强调的异，也就是不同，有区别、分别的意思。

第二句为“同则相亲，异则相敬”。乐蕴含着同的作用，因此会让人与人之间产生亲密感。而礼所蕴含的异的意义，则让人能够看到彼此的不同之处，尊重彼此的差异性。

第三句是“乐胜则流，礼胜则离”。乐超过一定的限度，就会变为靡靡之音，让人放荡；礼呢，超过一定的限度，就会使人产生过分疏离的感觉，无法亲近彼此。

第四句是“合情饰貌者，礼乐之事也”。人在合适的社会规范下，既能相处融洽、彼此亲近，也能有正常的人际界限，不侵犯他人，这就是礼和乐的功用。

再来看第二段。

乐由中出，礼自外作。乐由中出故静，礼自外作故文。大乐必易，大礼必简。乐至则无怨，礼至则不争。揖让而治天下者，礼乐之谓也。

第一句是“乐由中出，礼自外作”。真正的乐由内心产生，而礼则体现在外在。

第二句是“乐由中出故静，礼自外作故文”。这一句和我们平常理解的不太一样。我们现代人对乐的理解，多与节奏、韵律有关，认为乐一定是动态的。这里怎么说是静呢？其实这里讲的是中国传统的、更加符合天地之道的乐教之理。这里的“静”有两个意思，第一个意思是最快速的动，看起来就好像不动，我们在地球上从来感觉不到地球高速的转动，正是这个意思。第二个意思是静默、潜移默化的意思。杜甫有首诗说：“随风潜入夜，润物细无声。”乐教拥有潜移默化的力量，好比是春雨，滋润到人的心里面，静悄悄地改变着人的心灵。因此这里才说“乐由中出故静”。而礼是外显在形式上的，体现在各种礼仪制度上。

第三句是“大乐必易，大礼必简”。最隆重正式的乐，一定是平易的，而不是喧嚣的。最隆重的礼，一定是朴素的。

第四句是“乐至则无怨，礼至则不争”。由于乐教有同和的力量，有融合人们情感的作用，所以有了乐教，民众就不会有怨恨和误解。而礼教的通达则有助于建立以礼让他人为荣的良好氛围。

第五句是个总结性的句子，“揖让而治天下者，礼乐之谓也”。意思是说以礼乐治天下，便可以垂拱而治。

通过这两段话我们简单比较了礼教和乐教的不同之处。当然，要深入体会礼教和乐教的丰富内涵，光这两段内容肯定是不够的，这里我只是抛砖引玉，更多的内涵还请大家多多留心。

其实礼也好，乐也好，要真正烂熟于心，除了理论上的阐述，更需要一些实践上的操作，而无论是理论的理解，还是实践的操作，归结到一起，都和学习有关。

《论语·学而篇第一》的开篇三句话，就讲到了学和习。

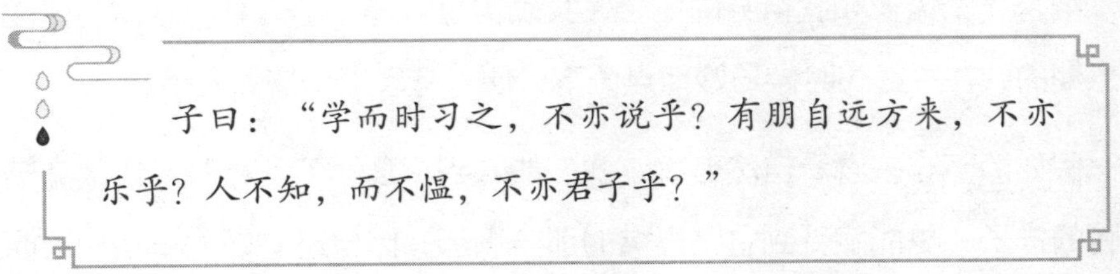

子曰："学而时习之，不亦说乎？有朋自远方来，不亦乐乎？人不知，而不愠，不亦君子乎？"

我们重点讲第一句"学而时习之"。这一句的重点在于"时"和"习"。我们倒过来先讲 "习"。"习"的原意是雏鸟最细嫩的毫毛。从"习"的繁体写法，我们就能知道这个字字形的演变过程。老鸟教小鸟如何捕食、如何飞行，小鸟跟着老鸟学习动作的过程叫作"习"。

我们再来说 "时"。现代心理学的认知理论和学习理论中都讲到学习和敏感期有关。其实敏感期就是指时节，也正是"学而时习之"中"时"的内涵。比如说儿童三岁开始对空间敏感，五岁开始对性别敏感，五岁到七岁也开始对图画、图形、数位敏感，在敏感期教给他相应的知识，他的学习过程最顺利，他自己也是最开心的，当然，对教他的那个老师而言，教学过程也是最顺利、最开心的。相反，如果在敏感期没有让儿童进行相应的练习，等他长大了再让他去学，那么就已经错过了最佳时节，会增加学习的难度，也会影响学习的效果。这是心理学家研究了很长时间得出的结论。对比长久以来的实践，情况也确实如此。其实"时"还有第二层意思，指"重复""时时"，有反复练习之意。

《增广贤文》中"教人婴孩，教妇初来"这句话，意思就是说对一个人施加教育应该及时、尽早。仅就学习理论而言，这句话是有一定道理的。可惜的是，我们成人在教育儿童的时候，经常忽略了这个“时”的内涵，而只是让儿童反复去“习”，因此效果就很难保证了。

结合《论语》和我自身的体会，我确实也觉得，学习真的是需要抓住敏感期的，在关键的时候巧妙地点一下，便可有事半功倍的效果。

假如静下心来看看自然万物，我们能看到小鸟学习飞行时欢快地扇动翅膀的样子，更能感受到它飞出窝的那一刹那，因自己有能力一飞冲天而产生的快乐和骄傲。这就是“学而时习之，不亦说乎”。

三、礼乐和做事业的关系

我们还是来看《论语·泰伯篇第八》第八章的一句话：

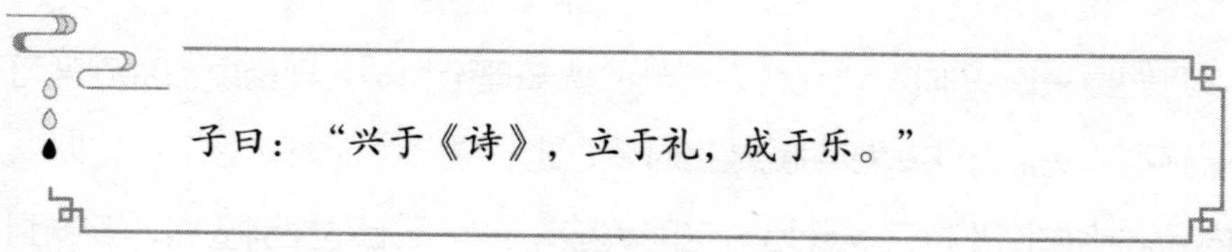

子曰：“兴于《诗》，立于礼，成于乐。”

第一句是“兴于《诗》”。孔子在《论语》中多次讲到诗教的作用。诗言志，诗多数是即兴而作的，直指人心，以直接的情感抒发来反映一个人的心性修养。

第二句是“立于礼”。礼自外作，多从理性的角度，让人产生界限感，看到彼此的不同之处，进而产生尊重彼此的心理。

第三句是“成于乐”。乐具备“和”、同化的内在精神和力量，可以让人产生亲近感。

这三句连在一起，就是一个非常巧妙的过程。我们结合现代心理学来分享一下其中的内涵。

第一，在做人、做事方面，我们首先要承认人有情绪。情绪无关对错，只是反映人对外部世界的一种态度。古人发现，通过诗教，可以使人比较好地疏解情绪、放空自己，这其实就是一种接纳的心理状态。现代心理学发现，一个人只有在接纳自己的情绪和感受之后，才能产生理性思维，也才会知道真正的尊重，学会尊重彼此的不同，尊重彼此的人际界限，这就是“立于礼”的深意。我们之前也多次说过，礼多半还是和理性相关的。有了自我接纳，看到彼此不同并产生尊重感后，人才能让理性和感性的力量融合在一起，真正达到“和”的境界，这就是乐教所蕴含的力量。

我想，假如我们能够真正体会“兴于《诗》，立于礼，成于乐”，那么，我们在事业中的人际关系、组织弹性等都会有一些新的变化。

除了“兴于《诗》，立于礼，成于乐”，对于做事业的人来说，礼乐还有很多可以启发我们的地方。比如说，做事业时，一个人或者一个组织，应该在正确的时间保持足够的精力和活力，就像踩着鼓点跳舞一样，在研发、市场营销等各个阶段，都应该保持一定的节律，该慢的时候要慢，该快的时候要快。

第四章 孔子的人生与修行

第1节 以凡解圣：孔子和《论语》的正确打开方式

在正式谈对孔子人生和修行的理解之前，我想先谈谈理解和体会孔子人生的视角问题以及常见的误区。

就视角问题，我想无论是在哪个时代，当谈及对孔子的理解时，至少应该有两种不同的解释视角。

一种是以凡解圣，就是从凡人的角度来解读孔子。我自己就是凡夫俗子，所以，我对《论语》的理解以及对孔子的理解，都是站在凡人的角度的。

另一种是以圣解圣，就是站在圣贤的高度来解释圣贤及其所讲，比如说王阳明来解读孔子，这就是所谓的以圣解圣。

我在本书中提到的内容都属于以凡解圣，因此在解读的过程中一定有错误和疏漏，请大家多多指正！

讲完了视角问题，我们再来谈理解孔子的过程中常见的误区。

从古至今，人们在理解孔子本人和他的境界时普遍存在一个误区，就是高推圣境，即将古圣先贤所讲的话、所做的事以及他们的人生格局和境界，推崇得太高，以至于让很多人都觉得这些圣贤是不食人间烟火的。这是有很大问题的。

中国古人曾经说“道在平常日用间”。一个真正通达大道的人，外在看来绝对是最平凡的。如果一个人总爱显示出自己与他人有很大的不同，言语和装束总是奇奇怪怪的，那么这个人离真正的大道恐怕还有一段距离。历代大儒都曾经讲过，圣人的本意之一就是希望每个人都能找到自己的天命，发掘自己的潜质，他们是希望我们每个人都能成圣、成贤的。孔子本人尤其反对怪力乱神，他的行为举止绝对是平实朴素的，他没有任何神奇的经历，更没有让海水分开或者包治百病的神奇能力，但就是这样一位看起来只是在讲平凡人听得懂的话、在做平凡人都做的事的人，两千年来却影响了一大批如王阳明、曾国藩这样的人，这难道不值得我们一再深思吗？

在之前的内容中，我们经常讲到对《论语》的理解和体会，现在我们又谈到了对孔子的认识，讲《论语》，主要和读书有关；讲孔子，则集中谈对人的认识，与如何做人有关。

下面，我们就来探讨一下对读书和做人的认识，这样也让我们未来能从系统的角度，更深刻地理解和体会孔子和他的人生境界。我们分为三个部分来谈。

一、文化人和读书人

说到读书人和文化人，有人会说，这有区别吗？读书人不就是文化人吗？我想说，二者是有区别的。有一句话是这样讲的："读书破万卷，下笔如有神。"很多读书人只能称得上读书"过"万卷，而谈不上"破"。当然能"过"万卷，已经很不容易了，但"过"和"破"两者是不一样的。读书读到一定程度，就要注意这个"破"字了。"破"什么呢？就是要"破"所谓的文字障、心障，否则，读书的结果就很有可能是读进来但消化不良。如果只是读了很多书，那么这样的人可以被称为读书人，而如果能"破"了文字障、心障，那么这样的人才能叫文化人。当然，在我们这个年代，能真正做一个读书"过"万卷的读书人，也是非常不容易的。

二、怎样读《论语》

讲完了对文化人和读书人的理解，接下来我们具体谈谈该怎样读像《论语》这样的经典著作。我想至少有三种方法：一是以经注经；二是经史合参，即结合历史来读、来体会；三是结合生命实践来读、来体会。

1.以经注经

南怀瑾先生在《论语别裁》一书中提到了做学问的方法，其中有一种叫以经注经，即以孔子本身的思想学问来注解《论语》和他本人所讲的话。古人的学问，只有被我们吸收消化之后，才可以变成我们自己的学问。时下很多人，对古人的学问并没有吃进去，更没有消化，就凭着所谓的聪明才智东拉西扯，实在不可取。其实，我对《论语》的理解也还很浅薄，只是有幸借这个机会和大家分享，所以还是请大家多读《论语》的原文，或者历代名家的注解为好。

2.经史合参

这也是南先生经常讲到的一种读书方法。经指四书五经等，是哲学的重点；史就是指历史，是人生的经验总结。读《论语》，理解孔子的人生，一定要经史合参，把人生的经验和哲学的重点结合起来，这样才有可能将其转化为自己的学问。

3.结合生命实践

我们先讲一句非常有意思的话，叫“读书不如读人，读人不如读己”。这句话内涵丰富，我们来讲讲体会。“读书不如读人”，并不是说不读书，而是说“读人”的功夫还没达到的时候，我们还是要老老实实读书，其实不论是“读书”还是“读人”，都是为以后的为人处事打基础。生活中，我们看到有很多人读死书、死读书，没有做事的灵活性，也不懂得如何做人，这很可怕。“读人不如读己”，是因为人都是看别人容易，看自己很难的。“读己”也是一种读书，按照禅宗的说法，我们每个人都是一本无字天书，大多数人对自己的来龙去脉并不清楚。如果我们功夫下到了，智慧有了，把自己读清楚了，那么我们也就把世界读清楚了，做人、做事也就有把握了。

一个人掌握了以经注经、经史合参、结合生命实践这三种方法，读懂了像《论语》这样的经典著作，其胸襟见识定会广博宏大，他的生命定会有不一样的光辉。

三、怎样体会孔子

我们讲了三种品读《论语》、感悟孔子人生境界的方法，现在借助

《论语》的原文，来看看如何从《论语》原文中体会孔子。请注意，我这里所讲的是自己的体会，属于以凡解圣。

首先，我们还是来看《论语·学而篇第一》开篇的三句话。

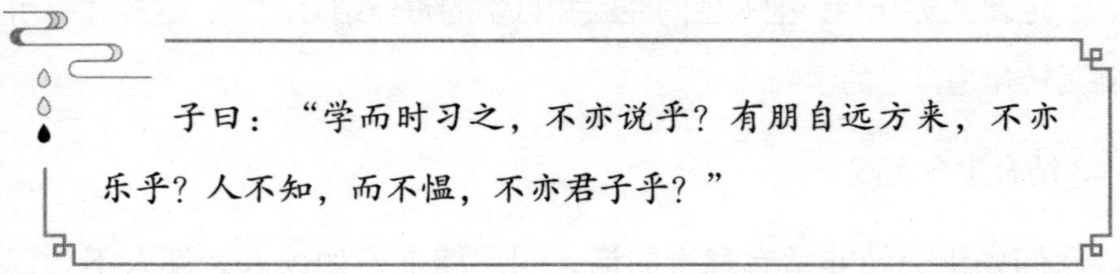

子曰："学而时习之，不亦说乎？有朋自远方来，不亦乐乎？人不知，而不愠，不亦君子乎？"

这句话包含了人生修行的顺序，"学而时习之，不亦说乎"讲的是自修，以自习为主；"有朋自远方来，不亦乐乎"讲的是共修，朋友之间互相切磋；"人不知，而不愠，不亦君子乎"讲的是反身而诚，是修行中最难的。当别人不了解我们的动机、行为方式，对我们产生疑问时，我们并不愠怒，这便是反身而诚。

而关于孔子的生命进程，我们来看《论语·为政篇第二》第四章中的话。

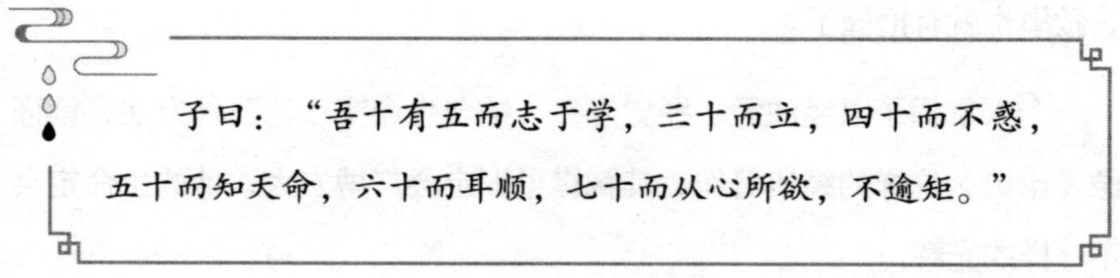

子曰："吾十有五而志于学，三十而立，四十而不惑，五十而知天命，六十而耳顺，七十而从心所欲，不逾矩。"

这里面体现的生命进程，我将其称为"真生命"的进程。它分成人、天、道三个层面。第一个层面是人的层面，从"志于学"开始，到"三十而立"，最后达到"四十而不惑"；第二个层面是天的层面，从"五十而知天命”，到“六十而耳顺”，指好的、坏的都能听得进去，知道自己的人生目的，知道自己的天命了。第三个层面是道的层面，“七十而从心所欲，不逾矩”，也就是说达到人与道合一的境界了。

第2节 孔子的人生观：平实人生、坚毅心力、通达境界

本节主要讲我对孔子人生观和人生境界方面的粗浅理解，将从平实的人生、坚毅的心力、通达的境界这三个角度来讲述我心中的孔子。当然，我这里还是在以凡解圣，如果各位想要更深入了解孔子的人生境界，还需要自己多读《论语》以及孔子的其他著述。

一、平实的人生和坚毅的心力

《论语·子罕篇第九》第六章中有这样一段对话：

> 大宰问于子贡曰："夫子圣者与？何其多能也？"子贡曰："固天纵之将圣，又多能也。"
>
> 子闻之，曰："大宰知我乎！吾少也贱，故多能鄙事。君子多乎哉？不多也。"

这段话的大意是这样的，有一天，太宰问子贡："您的老师孔夫子是圣人吗？他怎么会如此渊博，什么都会？"子贡回答说："上天让我的老师变成圣人，而且又让他多才多艺。"孔子听到这段对话后说："太宰真的了解我！我少年困苦，在贫贱的境遇中，做过很多事，所以才对人世间的很多事情都通达了。"孔子一生的境遇可谓凄惨，他是真正从底层走出来的圣者。他说自己"少也贱"，这是大实话。在他年幼时，父母双亲先后离开人世，这就迫使孔子在艰难困苦中，只能依靠自己的力量。

孔子这段平实的自述中，其实暗含了一个对我们的人生和事业非常重要的因素——心力。大家知道，在人世间打拼，想要做出一点点成绩，真的要耗费很大很大的心力。曾国藩曾经这样说："事业看精神，功名看器宇。"其实，精神也好，器宇也好，背后都靠心力在支撑。一个人无论有多么高明的人生谋略，无论有多么清晰的人生定位，总会遇到种种不如意。

从儒家思想的角度看，为什么有的人成了，有的人垮了？为什么有的人先成后垮，有的人先垮后成？这些背后，除了天意，我想就跟一个人心力的高低有关了。

真正想做事业，或者真正做过一点事业的人都知道，在大多数时候，我们要面对的不是鲜花与掌声，而是无数次一个人在路上徘徊、在深夜里反思，无数次被人冷眼以对，无数次不被理解、不被认同。曾有人说过"能经天磨方好汉"，孔子，作为中国传统社会中高尚人格的集大成者，他的人生更是如此。《论语》中反映孔子心力的章句很多，例如"人不知，而不愠，不亦君子乎""不怨天，不尤人，下学而上达，知我者其天乎！"等，这里我们就不一一展开了。

二、通达的境界

中国自古讲究通达，做学问要能把文本上的知识学问与自己的人生实践贯通起来。这才是中国人的学问。

关于学问和人生的贯通，我拿先秦文献《学记》中的一个词来解释，这个词是“知类通达”。这四个字可以分成两个部分来理解，首先是知类，然后是通达。关于知类，我们又可以分成两个部分来讲，一个是知，一个是类。

我们先说第一个字——知。什么是知？可以有两种理解，一种是内知，也叫自知，即知道自己的天性、特长，知道自己的时运，这是自己对自己的认识、自己对自己的把握。人能往前行，能有正确的进步，贵在有自知之明。如果用现代学科来对比的话，它就类似于现在的哲学心理学等学科，可以帮助我们正确地了解自己。另一种被称为外知，就是对外部世界的了解、对物质世界的认识。如果用现代学科来对比的话，它就类似于物理、化学、生物、地理等学科，可以帮助我们认识外部世界。

我们接下来看第二个字——类。类有类比、类别、类型的意思。不论是对人的认识，还是对外部世界的认识，其实都离不开分类。因为人和世界都很复杂，我们只有先按照一定的规则和属性将人或世界万物分好类，才有可能进行仔细的钻研，才能找到更深的内涵和彼此内在的联系。

第三个字和第四个字是连在一起的，即通达，按照古人做学问的特点来讲，通指通晓天地人之间的学问，即在一个大的系统上建立学问的框架；达指通晓人情世故，乐天知命，是一种达观的人生态度。《红楼梦》中有一句很妙的对联，“世事洞明皆学问，人情练达即文章”，这句话就从文学的角度很好地诠释了通达的内涵。

《论语》的原文中也有一段特别有意思的文字，里面讲到了孔子的通达。原文来自《论语·子罕篇第九》的第八章。

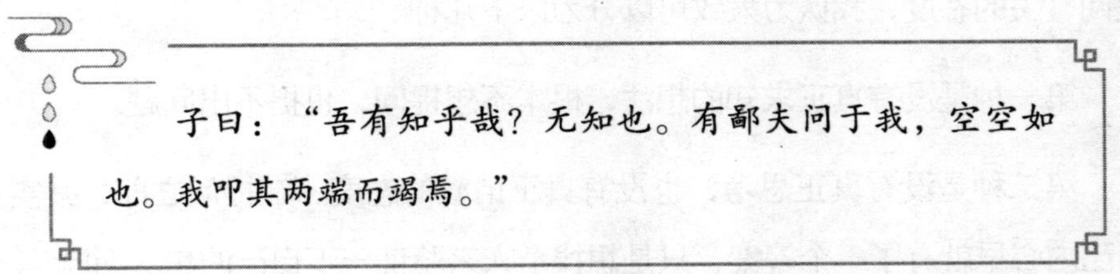

子曰："吾有知乎哉？无知也。有鄙夫问于我，空空如也。我叩其两端而竭焉。"

这里的"鄙夫"，就是指没有受过良好教育的人。孔子说："我实在没有什么学问。一个鄙夫来问我，我对他问的问题一点也不知道，只能从问题的两端来提示他，让他自己一步步去找答案。"这一段对话非常高妙，既有最高的教育准则，也描述了最通达的人生境界。

这里面有两个字很重要，一个是"叩"，一个是"空"。先秦的文献《学记》中有这样一段：

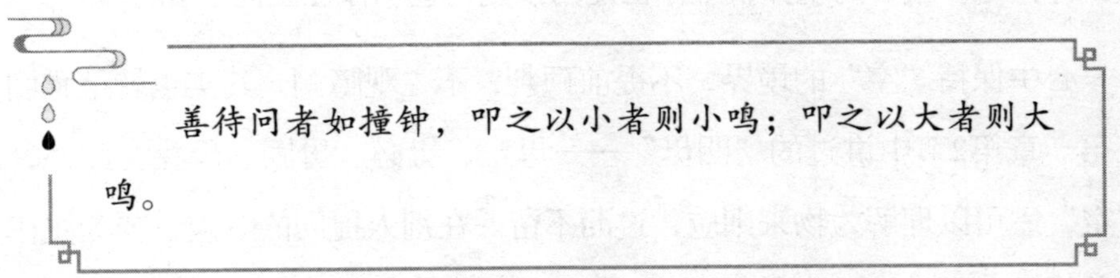

善待问者如撞钟，叩之以小者则小鸣；叩之以大者则大鸣。

这句话的意思是说对于真心求学、乐于提问的学习者，要有区别地善待，就像撞钟一样，撞钟的力度小，钟声也就小；力度大，钟声也就随之变大。在提问和回答的整个过程中，提问好比是撞钟，回答好比是钟声。提的问题简单，回答也就简单，提的问题复杂、范围大，回答也就复杂，范围也会相应变大。

这一段中讲到的提问和回答的原则就是正确的学问之道，其实，更是一种人生境界。下面，我来讲讲自己对提问的一些思考，供大家参考。和提问有关的态度，我认为大致可以分为以下几种。

第一种是没有真正求知的想法，根本不想提问，也提不出问题。

第二种是没有真正思考，也没有真正请教的态度，在提问之前，其实自己内心早就有了一个答案，只是想找个人来验证一下自己的想法而已。

第三种是别人说什么，他信什么，但又不是真信。同一个问题，今天问这个人，明天问那个人，每个人的回答他都会觉得有道理。其实不管回答的人讲了什么，讲得对不对，他从来不主动去实践，也不去验证这些回答中的道理。

所以说，一个通达人性的好老师，要学会仔细观察和正确回应提问者。孔子说了，如果对方程度就这么多，他的回答也就这么多，他的心中时刻保持着“空”的境界，不存在任何预判，也不存在任何主观答案。

心中保持“空”的境界，不提前预判，不主观臆测，其实也就是我们在第一章第2节中讲过的“四毋”——毋意、毋必、毋固、毋我。此外，“空”还可以理解为物来则应，过而不留。在别人提问的时候，要专注在眼前提问的这个人和他所提的问题上，一旦提问环节结束，立刻放空自己，让自己保持空灵的状态，这就是一种不挂碍的人生境界。

我自己的体会是，《论语》中显示出的孔子的人生境界，看起来真的非常平实，但是他的只言片语却值得我们反复去体会、实践，这其实就是一种真正有了通达人生境界的人所展现出来的智慧。

第 3 节 孔子从"思无邪"开始的人生和事业修炼

关于孔子在人生和事业修炼方面的理想，我觉得可以先看看《礼运》中的一段话。这段文字完美地展现了孔子追寻的境界。原文如下：

> 大道之行也，天下为公。选贤与能，讲信修睦。故人不独亲其亲，不独子其子，使老有所终，壮有所用，幼有所长，矜寡孤独废疾者，皆有所养。男有分，女有归。货恶其弃于地也，不必藏于己；力恶其不出于身也，不必为己。是故谋闭而不兴，盗窃乱贼而不作，故外户而不闭，是谓大同。

这段文字意思很好理解，这里就不单独解释了。了解了孔子在人生和事业修炼方面的理想之后，我们再来了解一下孔子的千秋功业对于中国儒、释、道三家融合的作用。

以下是唐朝六祖慧能祖师讲的《六祖坛经》中的一段文字：

师言：善知识，若欲修行，在家亦得，不由在寺。在家能行，如东方人心善。在寺不修，如西方人心恶。但心清净，即是自性西方。

韦公又问：在家如何修行，愿为教授。师言：吾与大众说无相颂，但依此修，常与吾同处无别。若不作此修，剃发出家，于道何益！

颂曰：

心平何劳持戒 行直何用修禅 恩则孝养父母 义则上下相怜

让则尊卑和睦 忍则众恶无喧 若能钻木出火 淤泥定生红莲

苦口的是良药 逆耳必是忠言 改过必生智慧 护短心内非贤

日用常行饶益 成道非由施钱 菩提只向心觅 何劳向外求玄

听说依此修行 天堂只在目前

这段偈颂讲到的孝养父母、忍让、改过、良药苦口、逆耳忠言等，可都是原汁原味的儒家思想。在印度佛教的传承中，这些词汇并没有出现过，这说明了禅宗最晚在唐朝时期已经大规模地引入儒家思想了，或者说它已经受孔子千秋功业的影响而变得中国化了。仅这一个例子便可说明孔子功业的影响力，这种影响力不仅穿越了时间和空间，还跨越了不同的文化和宗教。

那么在中国文化的系统观念中，什么是真正的事业呢？“举而措之天下之民，谓之事业。”意思是说一个人，在自己短暂一生里所做的对世界有功劳、对天下百姓有利的事情，就可以被称为事业，同时这也是一个人一生最大的价值之所在。

如果用这句话来衡量，我们就可以看出，时下大家讲的事业，在孔子眼中，其实并不能算是事业，只能算是职业而已。像孔子这样具备历史大格局、人生大境界的人，他追寻大同思想，敬仰尧、舜、禹、周公等人的大业，他所从事的教育事业才是真正的事业。孔子人生和事业的修炼，是从“思无邪”开始的。

《论语·为政篇第二》第一章和第二章的原文是这样的：

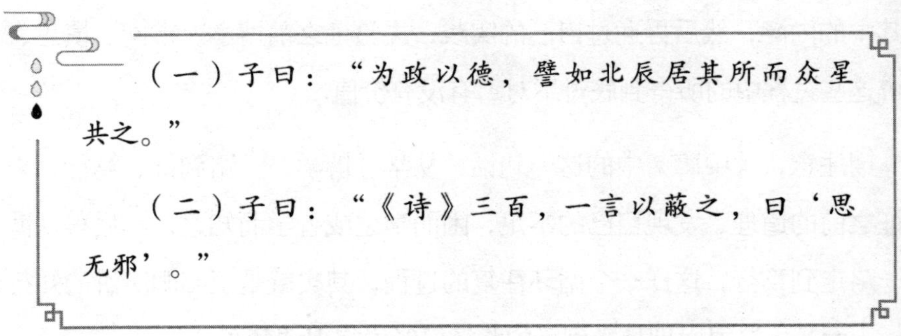

（一）子曰：“为政以德，譬如北辰居其所而众星共之。”

（二）子曰：“《诗》三百，一言以蔽之，曰‘思无邪’。”

这两段的文意都不难理解，关键是其中暗含了儒家所提倡的人生和事业修炼的大原则。第一章讲“为政以德”，方可达到“众星共之”，是儒家所提倡的内圣与外王合一的境界；而第二章讲的是内圣的境界，即“思无邪”，这也是人生和事业修炼的起点。

我们把这两章合在一起来看，可以这样理解：只有秉承内在的价值观，诚意正心，才有可能造就真正长久的事业，也才能造就幸福圆满的人生。

那么什么是“思无邪”呢？“思无邪”讲的是内圣的大原则。人在世间，面对如此纷繁复杂的外部世界，不能也不可能没有“思”。关键是怎么“思”？儒家讲的“思”，一般都和学有关，比如说“学而不思则罔，思而不学则殆”。

《中庸》中有一句话讲得很好：

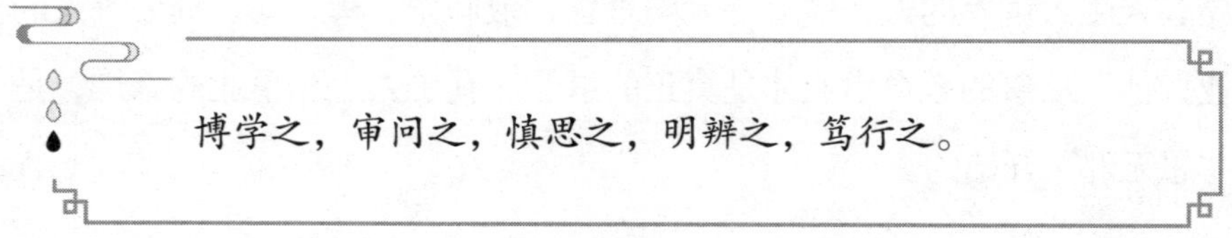

博学之，审问之，慎思之，明辨之，笃行之。

这句话讲的是，先要广博地学习，经过反复追寻、仔细思索验证，辨明其中的内涵，然后再通过自己的实践，去验证之前博学、审问、慎思、明辨这些过程中的所得到底对不对、有没有价值。

请注意，《中庸》中的这一句话，从学、博学，一路到行、笃行，来验证之前的道理、发现自己的不足，困而学之或者学而知之，然后再从博学一路走到笃行，这样一个循环往复的过程，其实就是王阳明所讲的知行合一，而且，这里面把从学到行的路径已经说得很清楚了。

如果想要对这一段再加以补充说明，那么还请大家学习《大学》的这两句话：

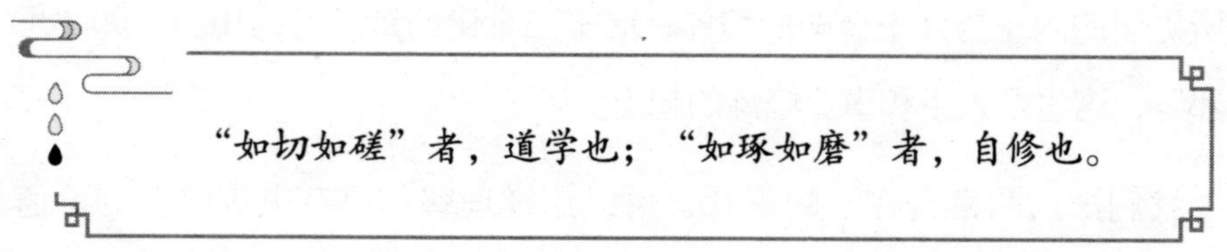

“如切如磋”者，道学也；“如琢如磨”者，自修也。

“如切如磋”讲的是学习要下功夫，要慢慢让自己的心静下去，然后才可能收获真东西。“如琢如磨”，讲的是从博学到笃行的后半段，了解到一些东西之后，要慢慢地用自己的生命、用自己的实践去对照和验证这些所学、所知的东西，是不是真的如书中所讲的那样有价值。

王阳明曾经讲过这样一句话，他说学习实践的时候，需特别注意不要助长。什么是助长？他举了一个很有意思的例子，他说就像走路的人不小心摔了一跤，他一看旁边没有人，就假装自己没有摔跤，站起来就走，好像也不疼，这其实是虚伪，这就叫作助长。

其实，我们知道，人都会遇到各种各样的困难，但是好多人不愿意面对这些所谓的不光鲜的经历。别人问起时，他也会装作没有受过伤的样子，一脸坦然无谓，这就是王阳明先生所说的助长。助长就是指不愿意承认事实、不愿意面对自己人格和经历中阴暗的一面，其实这也是不自诚的表现，即自己对自己不真诚。而“思无邪”说的是要面对真实的自己，错了就错了，改了就好了。一个人只有敢于面对自己的不足和阴暗面，才有可能让自己往更好的方向走。大家读读《诗经》就知道，里面讲的都是真情实感。真实是“思无邪”的重要特征。

结合“思无邪”和王阳明先生的话，我们可以这样来理解，助长不是“思无邪”，因为它带有虚伪的成分。而且在日常生活中，我们的很多行为都有助长的成分在里面，怪不得王阳明先生会说“破山中贼易，破心中贼难”。因为这些心中的“贼”，确实不容易被发现。可是一旦发现了，我们就有了改正它、“破”它的可能，就有了走向“思无邪”的可能。这就是阳明心学中非常重要的地方，是《论语》中“思无邪”的力量之所在。也正因如此，我在其他讲座中反复提到，要真正理解阳明心学，一定要读懂《论语》，读懂孔子的人生境界。

第4节 敬事而信，助力孔子成就不朽事业

我之前提过，孔子没有表现出任何神迹，他所表现的、所讲的，都是我们平常人能看得懂的内容，可要真想读懂孔子，也不是一件容易的事。因为，孔子他老人家显示的就是在日常生活中修行的功夫，看起来没有什么了不起，但是如果真的能体会，我们可能就会看到不一样的人生境界。

我们从《论语·学而篇第一》第五章的文字中一起来体会孔子人生和事业的修为。

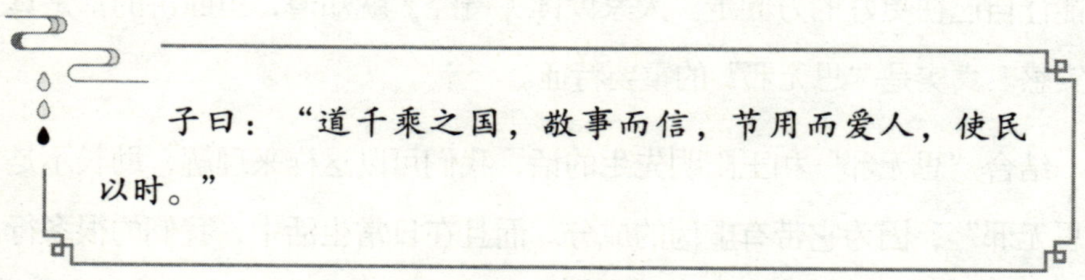

子曰："道千乘之国，敬事而信，节用而爱人，使民以时。"

我们在这里重点讲一下敬事而信这四个字，先来讲"事"这个字，然后再讲对"敬事"这两个字连用的一些思考。

在《大学》中，有这样一句话：

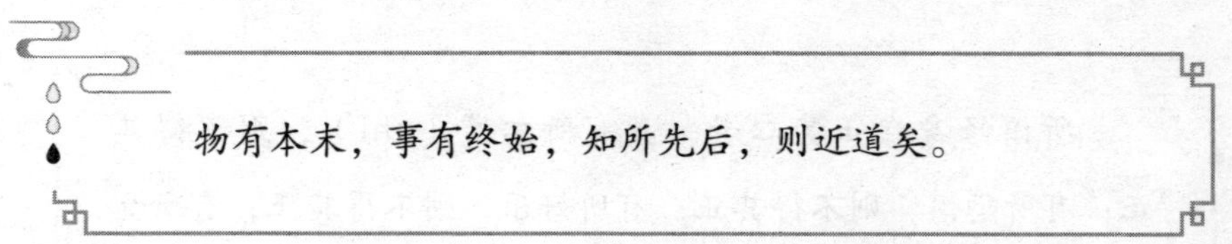
物有本末，事有终始，知所先后，则近道矣。

这句话把“事”和中国文化中的“道”结合起来，这值得我们再三品味。在中国传统文化中，“道”这个字的分量是很重的。如果单从注解来看，有一定社会阅历、有一定知识水平、有一定办事经验的人，谁不知道“物有本末，事有终始”呢？谁会把一件事的本末倒置呢？如果这样就能接近“道”了，那么这是不是也太简单了？

其实“物有本末，事有终始”这里面可暗藏着大学问。为什么这样讲呢？我们一起来分析分析。

在事件开始和结束的两个时间点之间，假如我们不做任何努力、不投入任何精力，请问事件能够“正常”结束吗？答案显然是不能的。因为事件的开始和结束都要靠人的心力来推动。所以说，“事有终始”这四个字所指的是我们内心的力量；而“物有本末”，讲的是外在的环境。

这一句既讲到了心，也讲到了外在的环境，只有了解了内心和外在环境的关系，我们才可以说“则近道矣”。

结合《大学》的文本，我们再讲讲“事”和心的关系。《大学》中有这样一段：

所谓修身在正其心者，身有所忿懥（zhì），则不得其正；有所恐惧，则不得其正；有所好乐，则不得其正；有所忧患，则不得其正。心不在焉，视而不见，听而不闻，食而不知其味。此谓修身在正其心。

从儒家的观点来看，这些忿懥、恐惧、好乐、忧患都是让我们不能正常发挥心力的因素，所以，明代大儒王阳明才说“人须在事上磨，方立得住；方能静亦定，动亦定”，这确实是至理名言。

接下来我们再讲讲对“敬事”这两个字连用的两点思考。

第一，敬事而信还是敬人而信？

敬事而信是指对任何事情我们都能做到守信。请注意哦，这里讲的是敬事而信，而不是敬人而信。

做事的时候，通常会有以下几种情况：可能会因为某人的权势大，于是跟他有关的事情我们就会格外留心，希望得到他的一个好评；可能因为某人平常和我们关系不好或者之前和我们有冲突，我们就对他有成见，对他交代的事情会不由自主地带有抵触情绪，也往往办不好。

古人有句话讲得好，“因人废言，因言废人”。一个人人品不好，我们连带着对和他相关的事情都会有所偏见，这就不是敬事而信。

要真正做到敬事而信，就要学会看到事情的本质，以及在做事过程中所能体会到、所能学到的东西。真正能把恐惧、忧患、好乐等心中的杂念放下，看到事情的本质以及连带的变化，这就已经是在体会圣贤之路了。

第二，小我与恭敬心。

如果真正达到敬事而信的状态，我们就必然能体会什么是恭敬心，什么是小我。要做事就一定要和人打交道。很多时候，我们没有把事情做好，不是我们心中不想做好，或者我们的能力不够，而是在做事的过程中，我们对很多人产生了一些负面的情绪，在沟通互动中，我们没有保持足够的恭敬心。

从现代心理学的角度来看，我们在与人沟通互动的过程中，要特别注意充满了各种期待的“小我”。当一个人不能很清晰地觉察到“小我”的固着和执念时，他就很难真正对人、对事有恭敬心，自然很难真正做到敬事而信。

下面，我讲一个自己亲眼看到的例子。我有幸参观过南怀瑾先生的办公室。参观之前，我就听一些老师讲，南怀瑾先生做任何事情都是恭恭敬敬的，即使是倒一杯茶，他也会恭恭敬敬地倒给你。在任何时候，他的房间、书桌都是干干净净、整整齐齐的，报纸、茶杯、茶托永远都在固定的一个地方，他一辈子都是这样的，为什么？第一是为了方便自己，第二是为了方便别人，第三就是为了练心。我们这些晚辈到了南先生的办公室一看，果不其然，办公室里真是一尘不染、整整齐齐的，所有的摆设真的就如同老师们所讲的那样。

对待自己的父母、朋友恭恭敬敬，这是中国儒家提倡的修养，也是中国人本来就应该有的修养。可为什么有些人“小时了了，大未必佳”？就是因为他们很难长久地保持恭敬心，不能真正长久地做到敬事而信。

下面再给大家讲一位我熟悉的老先生的真实故事，请大家感受一下传统文化熏陶下的守信是怎样的。

这位老先生在1947年被一位老道长收为徒弟，老道长传授了他一身的好功夫和好医术。几年后，老道长让他下山自行修炼。临别时，他的师父说，娃娃，莫忘练功哦。自此，他就开始每天坚持不懈地练功、习武，甚至在被诬陷入狱的那些年，他还在偷偷练功。我曾经当面问过他，在被关的那段日子，晚上仍坚持练功的动力是什么？他的回答很简单："我答应我师父了。"就这样，他老人家不间断地习练了69年。我真的很感慨，传统文化熏陶下的中国人就是这么守信。

论语 中的商业智慧

第五章 孔门弟子的事业与修行

第 1 节　儒商始祖，外交天才——子贡

品读一个人，有的时候需要离他远一些才能看得清楚，而且这个“远”还不只是空间的远，更重要的是时间上的远。像子贡这样的人，我们必须在远处才能有机会看到他的全貌。以我个人的理解，子贡不仅在孔子门人中很重要，就算放大到整个中国文化中，他都够资格值得大书特书。

我为什么这样讲呢?

古代人的身份，一般有以下四种——士、农、工、商，子贡一个人占了两个身份。他是士，也是商。从士的身份讲，子贡是公认的孔门十哲、七十二贤人之一，对于孔子学问的传播，他有着非同一般的影响力。从商的身份讲，他是中国儒商的始祖。子贡的事迹在司马迁的《货殖列传》中有详尽的记载，有兴趣的话，大家可以找来看看。

子贡一生横跨士、商两界，而且都取得了惊人的成就。除此之外，更有意思的是，在孔门重要弟子的一些语录中，我们都可以看到子贡的身影。

我对子贡的评价是：经世致用、无用而有大用。对于当代想有一番成

就的人来说，多参悟一些子贡的人生事迹，可能会让我们对事业和人生有更深刻的认识。

在《论语》中，子贡被孔子赞许为在言语方面有特殊才能的人。老话也讲言为心声，我们就结合《论语》中出现的子贡的言论，来看看里面的内涵。

我们大概从以下三个不同的角度，来品读子贡这位传奇人物。

一、子贡的自我认知和对外界的认知

我们常说，一个人在世上，最重要的是对自己的认识。一个人只有越来越了解自己，才能越来越了解这个世界。在对自己的探索方面，子贡的特点比较明显。关于这一点，我们来看《论语·公冶长篇第五》的第四章。这段话前面也出现过。

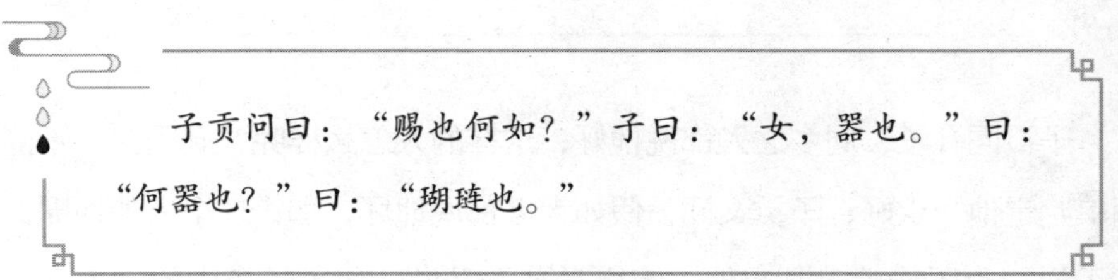

子贡问曰："赐也何如？"子曰："女，器也。"曰："何器也？"曰："瑚琏也。"

在这里，子贡直接问老师对自己的评价。这说明，第一，子贡和老师关系比较密切，可以直言不讳；第二，子贡很了解老师的水准，他知道能从老师的口中获得真实和中肯的评价；第三，他对自己的理解能力和心理承受能力有把握。要知道，在接到别人给予的反馈之后，我们对于自身和他人反馈的理解和领悟能力，就变得比较关键了。通常情况下，别人给我们的反馈，大多会集中在所谓"当事人"的角度，会有价值，但是也有

"当事人"自己的局限。比如说，别人说我们不好，我们在接纳对方情绪和感受的同时，不妨要仔细思考一下，我们是真的不好吗？当然，别人说我们好的时候，我们也可以仔细思考一下，我们做得真的那么好吗？作为一个独立的个体，一定要具备独立思考的能力，否则，就会变得人云亦云，收到的反馈越多，对我们的人生干扰就越大。

关于子贡怎么看待他人的评价，我想引用之前讲过的《论语·子路篇第十三》的第二十四章，来做进一步的说明。

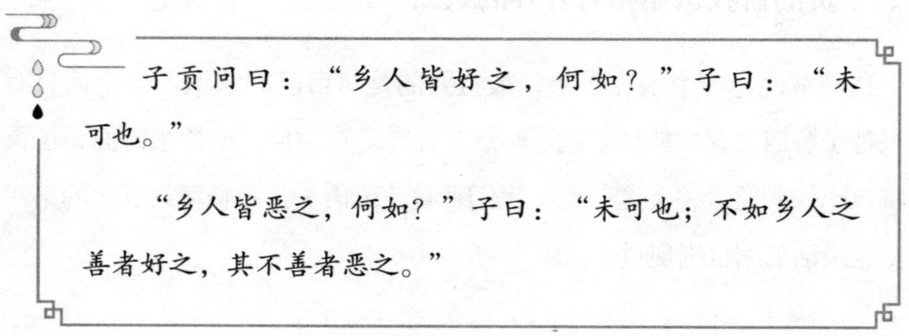

子贡问曰："乡人皆好之，何如？"子曰："未可也。"

"乡人皆恶之，何如？"子曰："未可也；不如乡人之善者好之，其不善者恶之。"

子贡问孔子，同乡之人都说他好，这样的人怎么样呢？孔子说，不能简单判定他一定好；子贡又问，假如大家都说他坏，那么这个人如何呢？孔子说，也不能简单判定他一定坏；孔子又说，如果是乡中的好人喜欢他，乡中的坏人厌恶他，那么我们就可以判断一个人的好了。这段对话所揭示出来的正是名著《乌合之众》所讲的道理，人很容易丧失独立的思考能力，从众的心理容易让我们变得盲目而狭隘。孔子在两千多年前，就指导他的学生子贡不要陷入从众的思维陷阱中。

我们从学问传承的角度也可以看得出来，孔子认为子贡是个可造之才。在传统的学问体系中，只有学生是可造之才，老师才会"下狠手"去修正他、引导他。假如学生对老师的点评“接”不住，那么老师干吗对他讲那么多呢？

关于子贡对孔子学问传承的重要性，我讲一个故事给大家听听。形意拳大家李仲轩老人的自述《逝去的武林》中有这样一段记载：“旧时代的拳师收徒弟学孔子。孔子有子贡帮他结交官府，有颜回帮他传学问，有子路帮他管人，门庭有三个这样的人，必然会兴盛。”大家听到这段内容的时候，是不是觉得耳目一新？其实那个时候的教育模式本来就是文武兼修的。孔子所传六艺——礼、乐、射、御、书、数，其中射、御属于武，是身体方面的训练。所以，我觉得时下要真正深入理解孔子所传的学问，还需要回到文武兼修的路子上，这样才能更加贴近孔子学问的本原。而武林中的形意门，特别讲究文武双全的修炼，所谓文能素手发科，武能空身擒虎。真正修炼到家的文人，自带几分侠气；当然，修炼到家的武人，也会变得温文尔雅。所以我说，形意门的武术大家所讲的这段话，还真点出了子贡的重要性。

最后，我们拿荀子的一段话来总结我们对于子贡的理解。

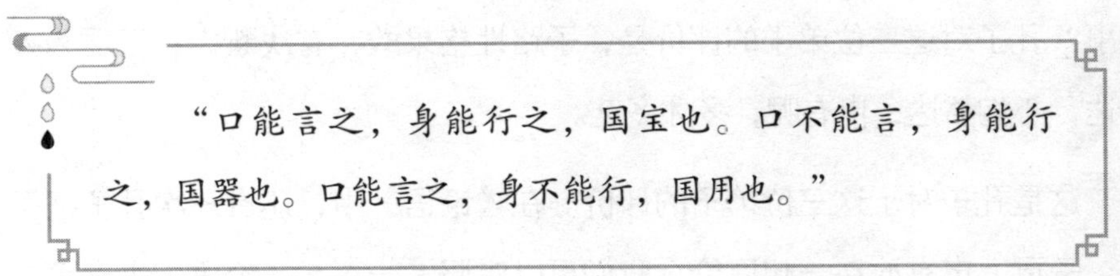

“口能言之，身能行之，国宝也。口不能言，身能行之，国器也。口能言之，身不能行，国用也。”

我们觉得，子贡就是荀子所讲的“国宝”，他能言善道，又能力行孔子教诲，为孔子守墓六年，后来又把孔子所传的学问应用到外交和商业方面，在政治上和商业上获得了很大的成就。所以我才说，子贡不仅在孔子门人中的地位很重要，就算放大到整个中国文化中，他都够资格值得大书特书。

二、子贡的性格特点

我们先来看《论语·雍也篇第六》的第八章，原文是这样的：

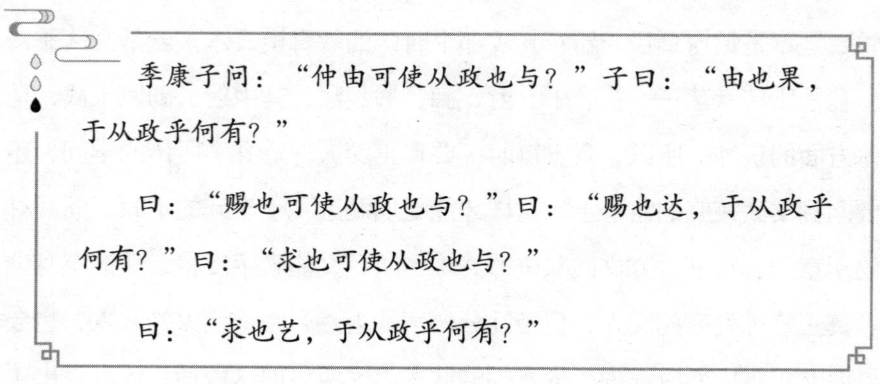

季康子问："仲由可使从政也与？"子曰："由也果，于从政乎何有？"

曰："赐也可使从政也与？"曰："赐也达，于从政乎何有？"曰："求也可使从政也与？"

曰："求也艺，于从政乎何有？"

这一段中出现了孔子的三个弟子，仲由也就是子路；赐就是子贡；求就是冉有。鲁国的大臣季康子问孔子，子路、子贡、冉有三人谁可以管理政事？孔子对这三位弟子的评价是，子路性格果敢，有决断力；子贡为人通达，心胸豁达；冉有呢，多才多艺。

这是孔子对于这三位弟子的评价。在《论语》中，还有一次孔子把子路、子贡、冉有放在一起评价，我们可以对照看一下。《论语·先进篇第十一》的第十三章中的一段话：

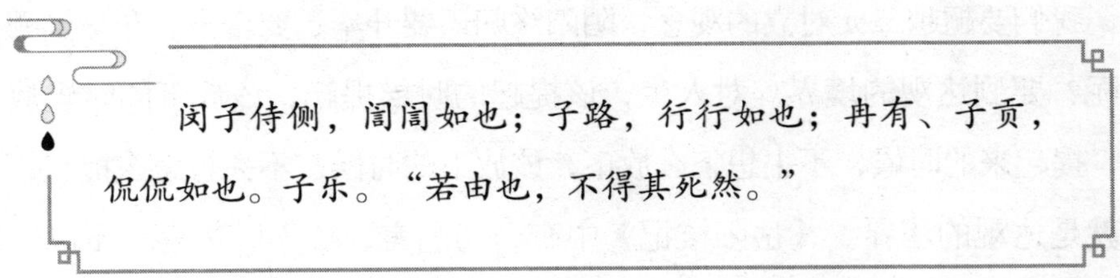
闵子侍侧，訚訚如也；子路，行行如也；冉有、子贡，侃侃如也。子乐。“若由也，不得其死然。”

孔子的弟子闵子骞侍奉在侧，是一副中正有节的样子。子路呢，有一股刚强的气势；冉有、子贡这两位，则为人洒脱，和乐待人。看到几位弟子在身旁，孔子心生喜悦之情。但提到子路的时候，孔子却说，怕子路不得善终。我们知道，子路是在卫国政变中被敌人杀死的，而子贡后来成了著名的外交家和大商人。这几位的命运结局，正如孔子所讲。假如从人才品鉴和知人善用的角度来研读《论语》，我们更可以从孔子对弟子的评价中，品味到孔子对于人性的把握是何等的到位。

孔子对于子贡的评价就是一个字——“达”。“达”这个字，在中国古代，有豁达、通达等意思，被评为“达”是一件非常难得的事情。为什么这样讲呢？我们来和大家讲讲人类认识人生和世界的角度问题。一般来说，一个人看人生和世界，要么悲观，要么乐观。

我个人推崇的乐观境界，就好比是范仲淹在《岳阳楼记》中的一段千古名文：“长烟一空，皓月千里，浮光耀金，静影沉璧，渔歌互答，此乐何极”。洞庭湖上，月光如水，水如天，人和人劳作之余，一唱一和，这真是人生的大乐。

如果用阴阳的观点来看人生和世界，我们就会发现，乐观好比是阳，悲观好比是阴。按说到了乐观的境地，已经是很不容易了，可充满智慧的中国古人看待人生和世界，怎么会止步于此呢？中国古人的高妙之处在于，我们要超越二元对立的观念，阴阳终归还要升华、要合一。升华到哪里呢？要到达观的境界。对人生，该提起的时候提起，该放下的时候放下，提起来的时候，不去想怎么放下，该放下的时候，不去想怎么提起，这就是达观的境界。《岳阳楼记》中有一句名言，“不以物喜、不以己悲”，讲的也是达观的境界。

我们发现，正是由于子贡有了“达”的气度，所以在《论语》中，才有这样一段精彩的对话。《论语·子张篇第十九》的第二十三章，原文如下：

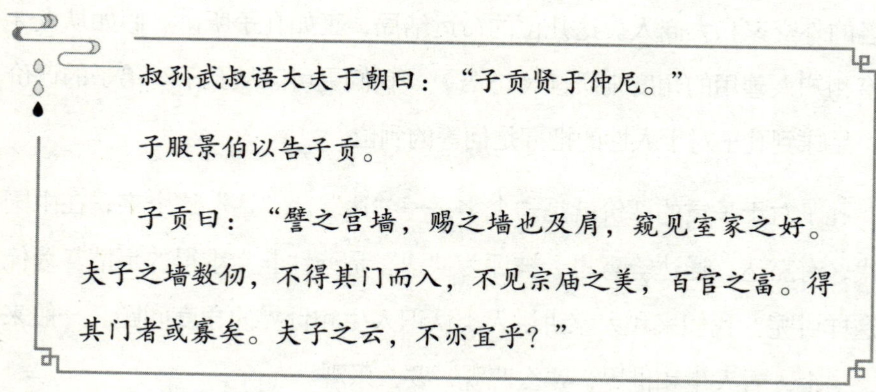

叔孙武叔语大夫于朝曰：“子贡贤于仲尼。”

子服景伯以告子贡。

子贡曰：“譬之宫墙，赐之墙也及肩，窥见室家之好。夫子之墙数仞，不得其门而入，不见宗庙之美，百官之富。得其门者或寡矣。夫子之云，不亦宜乎？”

大家都知道，孔门四科中，子贡在言语方面比较擅长。在这段话中，我们确实可以感受得到子贡对言语的妙用。叔孙武叔说子贡比孔子还要贤明。子贡并没有直接反驳，也没有同意。他说，学问就好比宫墙，他的学问好比是只到肩膀高的墙，大家都可以一眼看得出来他的内涵，而他的老师孔子的学问就好比是几仞高的墙，如果不能从大门进入，是看不到墙里面的精彩的，而现在能找到夫子学问大门的人，真是太少了！所以，大家才会觉得他比老师还要贤明。从这段精彩的对话里，我们感受到了子贡这个人的不卑不亢和豁达大度。这就是“达”的风范。

三、子贡的人生境界

在《论语·公冶长篇第五》的第十二章中，子贡是这样说的：

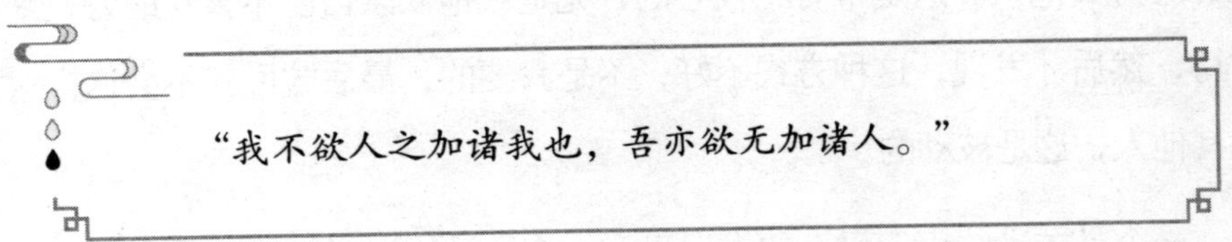

“我不欲人之加诸我也，吾亦欲无加诸人。”

他说，我不喜欢别人以某种形式对待我，我也不会这样对待他人。按理说，这已经是非常高的人生修养了。可孔子听到子贡这样说的时候，回答却是：“赐也，非尔所及也。”意思是说：“子贡，你做不到这样啊！”孔子为什么这样回答呢？因为人只要在世界上生存，要做到完全不给任何人增添烦恼，不让任何人起嗔恨心，是不可能的事情。即便不提那些因时间、利益、处理问题的角度不同所引发的冲突，人和人之间也还有先天带来的五行相生相克的问题。一个人能做到尽量少给他人找烦恼，就已经是不得了的修为了。

当然，在人生修为方面，假如说还有更高的境界，那么，在《论语·卫灵公篇第十五》的第二十四章中，还是通过子贡和孔子的一段对话，让世人知道了这么一句孔子的教诲。

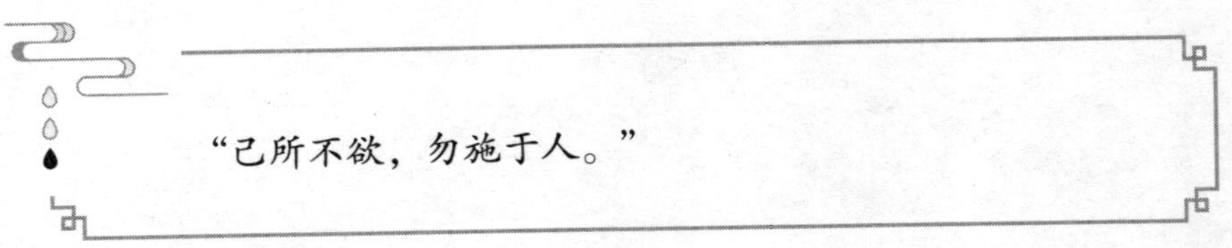

“己所不欲，勿施于人。”

“己所不欲，勿施于人”和子贡说的“我不欲人之加诸我也，吾亦欲无加诸人”，意思看起来差不多，其实两者的立足点是完全不同的。“己所不欲，勿施于人”是主动，是指我自己不要的，就不要再给别人了，这是主动要求自己。而子贡所说的是，我不喜欢别人这样对待我，我也不会这样对待其他人。这是带有比较心的，先是被他人以自己不喜欢的方式来对待，然后才发现，这种方式不好，不是我要的，最后才说我不会这样对待其他人，这是被动的。

一个是主动约束自己、要求自己，一个是被错误对待后，不错误对待他人，这两者最后的结果可能有类似之处，但是因为出发点完全不同，因此人生境界也就有了高低的区分。当然，我们还是要说，假如我们能觉察到并努力做到子贡的人生境界，那么已经是非常值得赞许的了。

第2节 帝王之师，隐形冠军——子夏

子夏，在整个儒家文化或者说中国文化的早期形成过程中，有着很特别的地位。为什么这样说呢？我认为主要有以下两个原因。

一、文字的力量

从现代意义上看，一种文化要真正传播开来，最重要的是要有相关的载体，也就是语言和文字。相比较而言，文字的力量似乎更大。因为语言的传播，必须具备当面交流的条件，即古人所谓的口耳相传。当然，由于现代技术的发明，语音可以通过电子技术进行传播，例如电话、电视、微信语音等。只是在这些技术没有出现之前，文字的表达，尤其是有长久影响力的文字的表达，可以让空间距离很远的人，有机会读到文本，通过文本去体会作者想表达的意思，这是一件非常了不起的事情。

做过企业的朋友大多知道一个词，叫作隐形冠军。这个词指的是在某个特定领域的某些企业，其产品有着非同一般的影响力，但是它们的社会知名度比较低。如果我们把文字作为产品来看，那么，我们可以说，文字这种“产品”的生产者子夏就是隐形冠军。为了证明这一点，让我们一起来看看子夏讲过的那些金句吧。

子夏的第一句名言就是“学而优则仕”。两千多年来，“学而优则仕”这句话一直影响着中国的读书人，甚至可以这样说，正是因为有了“学而优则仕”这种文化氛围和“土壤”，科举考试这一选拔人才的制度才有了实施的可能。科举考试作为当时选拔人才的制度，与同时期的欧洲相比，那可是先进太多了。我们知道，在现代资本主义蓬勃发展之前，欧洲长时期都是依靠贵族代代相传的爵位制度来选拔人才的。参与国家治理的绝大多数人，都是从贵族体系中产生的。相比而言，中国的科举制度，选拔的主要方式是考试，因此不管你是寒门子弟，还是豪门贵族，都要参加统一考试，获得成绩，才能获得参与治理国家的权利，这就让社会的各个阶层有了高度流动的可能。

比如说，这个人今天是宰相，可他的儿子不一定就能考得过寒门子弟，那么，下一任宰相的位置，可不一定就由宰相的儿子来继承。拼智商、拼勤奋的科举制度，比起同时期欧洲靠家族血统选拔人才的制度，要公平太多了。

仅仅凭着“学而优则仕”这一句话，子夏就可以稳居影响中国历史进程的著名人物之列。

子夏还有一句名言，是“死生有命，富贵在天”。如果说“学而优则仕”影响的是中国的读书人、知识阶层，那么“死生有命，富贵在天”则可以说影响了所有中国人，尤其是想做出一番事业的中国人。比如说，在《水浒传》第五十九回“公孙胜芒砀山降魔 晁天王曾头市中箭”一文中，讲到梁山首领晁盖中毒箭而死后，众位头领推举宋江来主持梁山的大小事务，宋江当时非常悲痛，吴用、公孙胜等人劝说宋江，原文是这样写的：“哥哥且省烦恼；生死人之分定，何故痛伤？且请理会大事。”“生死人之分定”，正是“死生有命”的另外一种表达。“死生有命，富贵在天”这样的思想，在《三国演义》《水浒传》中均有体现，在这里就不一一列举了。

子夏还讲过一句更加有力度的话，也直接影响了很多中国人，尤其是中国的男人们，这句话就是“四海之内，皆兄弟也”。说到这句话，相信看过香港电影《纵横四海》的朋友们，都会想起周润发、张国荣、钟楚红三位主演之间令人难以忘怀的江湖情义吧。

从文字的表达力和穿透力来讲，“学而优则仕”，主要影响了中国读书人两千年；“死生有命、富贵在天”，影响了想求富贵的人，尤其是商界和政界中人两千年；“四海之内，皆兄弟也”，影响了中国人，尤其是“江湖中人”两千年。所以，我们坚定地认为，在语言文字方面，子夏是当之无愧的隐形冠军。

二、师道的力量

关于老师的作用，拿韩愈的话来讲，“师者，传道、授业、解惑也”。这三者中，最难也是最重要的，就是传道。《礼记》中有一句话，叫“经师易得，人师难求”。这句话把老师分成了两种，一种叫作经师，一种叫作人师。能传道的老师，是人师，自然也会授业、解惑。但是经师，用现在的话讲，主要就是传播知识、教授技能的老师，是没有办法达到传道这个层面的。

既然我们说子夏是难得的好老师，那么他传了什么道呢？关于这一点，我们来看看《史记索隐》中的相关记载。有一段文字是这样描述子夏的：

子夏文学著于四科：序《诗》，传《易》。又孔子以《春秋》属商。又传《礼》，著在礼志。而此史并不论，空记论语小事，亦其疏也。

子夏本来就位列孔门四科的“文学”科，他给《诗经》写序，又把孔子教授的《周易》《春秋》的学问以及礼的学问，一路相传下去。总的来说，子夏把孔子所传的学问，一路发扬光大，也正因如此我们现在才能看到历史上这些经典著作。从这个角度来说，子夏是不是在传道呢？当然是的。

另外，子夏作为老师所取得的教育成果，在《史记·仲尼弟子列传》和《史记·儒林列传》中都可以找到相关记载。《史记》中讲到子夏在魏国教授的学生，上至魏国的开国君主、魏国百年霸业的开创者魏文侯，下到田子方、段干木、吴起等在内的魏国栋梁之材。如果大家对田子方、段干木这些战国时期的名士大才不了解，那么吴起，这位兵法著作和孙子的并称为《孙吴兵法》、战功卓著的大军事家，大家应该不陌生吧。

我们都知道，儒家非常注重师道，子夏不仅能传孔子教给他的大道和经典著作，还成功实践了儒家所注重的师道。所以我们说，子夏是当之无愧的、能传道授业解惑并且知行合一的好老师。子夏所学、所传、所教的内容，以及他的一生，都值得我们后人敬仰和学习。

第3节 刚强儒者，侠者气质——子路

历史上，关于子路的评价很多，在这里，我们就用一句话和一个关键字来概括对子路的理解。一句话是“儒以文乱法，侠以武犯禁”，这句话出自《韩非子》；一个关键字就是“刚”。

一、儒以文乱法，侠以武犯禁

在韩非子看来，儒生和侠客，对于统治者来说，都是极具危险性的，需要从根子上铲除，不能给这两种人以任何的发展空间。原因很简单，在法家看来，知识的解释权、武力的使用权、被统治者的生命权和发展权，这些权力都必须高度统一并掌握在统治者手中，其他人、其他组织，绝对禁止拥有。

儒者有文化上的理解和见识，而侠者，拥有武力，且具备相当的组织动员能力。尤其不得了的是，儒者和侠者有天然存在的匹配性。儒者有知识、有见识，能拿得起笔杆子，可以做宣传工作；侠者，有武力、有组织，能拿得起枪杆子。这两种人，一文一武，若合在一起，就更容易产生难以控制的“化学反应”。在韩非子等人的眼中，这些人都是必须严加管控的，必要时甚至不惜使用一切手段，予以剿除。

而我们本讲的主人公子路，很不幸，他就是韩非子眼中“儒者+侠者”的组合。论文，他是孔门十哲之一；论武，早在他拜孔子为师之前，就以直率刚强、忠肝义胆而闻名乡里。在整本《论语》中，最能体现子路侠者气质的，无疑就是《论语·公冶长篇第五》第二十六章中记载的一段话：

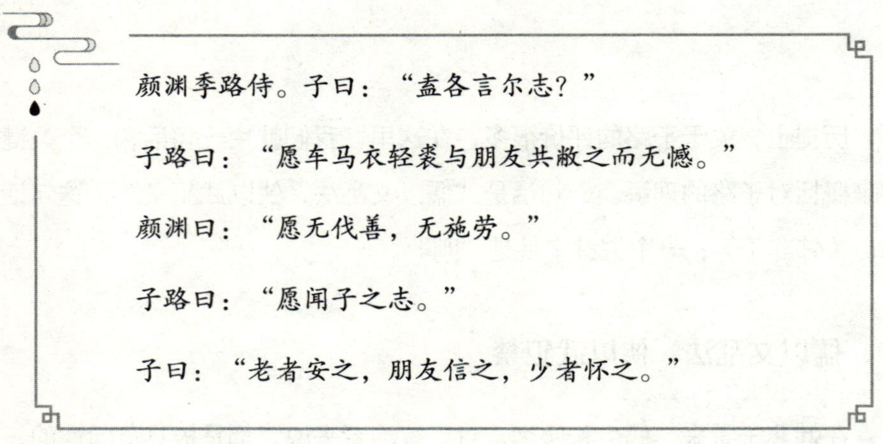

颜渊季路侍。子曰：“盍各言尔志？”

子路曰：“愿车马衣轻裘与朋友共敝之而无憾。”

颜渊曰：“愿无伐善，无施劳。”

子路曰：“愿闻子之志。”

子曰：“老者安之，朋友信之，少者怀之。”

季路就是子路。孔子问颜渊和子路两人的志向。子路为人有侠气，他的回答是愿意把自己的车马、衣服和朋友共同享用，衣服破了、车子坏了，他也毫不在乎。这种和天下人同甘共苦的侠义精神，正符合唐代大诗人杜甫的那句名言，“安得广厦千万间，大庇天下寒士俱欢颜”。这种气度，在子路身上展现得淋漓尽致。

二、刚

子路是一位具备刚强气质的儒者。刚，是存在于中国儒家，尤其是先秦儒家学者身上非常重要的气质。先秦时代的儒家学者，秉承着上古传下来的贵族气质，重承诺、守信誉，宁为义死，绝不做苟且之事。这种精神上的传承，历经千载，在中华大地上，生生不息。曾国藩就曾经写过这样一封信，来表明儒者和刚强的关系，摘录如下：

> 古来豪杰皆以此四字为大忌。吾家祖父教人，亦以懦弱无刚四字为大耻。故男儿自立，必须有倔强之气。惟数万人困于坚城之下，最易暗销锐气。弟能养数万人之刚气而久不销损，此是过人之处，更宜从此加功。

在这封信中，曾国藩明显是在鼓励弟弟，说他能让数万人的队伍在长期的围城战斗中，保持刚强之气，这是过人之处，应该继续努力。除了这封信，曾国藩在家书中，多次提到其祖父说的祖训，“男儿以懦弱无刚四字为大耻”。可以这样说，曾国藩一生的功业，一定离不开一个字——“刚”。

子路的性格显然是刚强的，为了更好地理解子路，我们来看一下孔子是怎样看待“刚”这个字的。首先，我们来看《论语·公冶长篇第五》第十一章的原文：

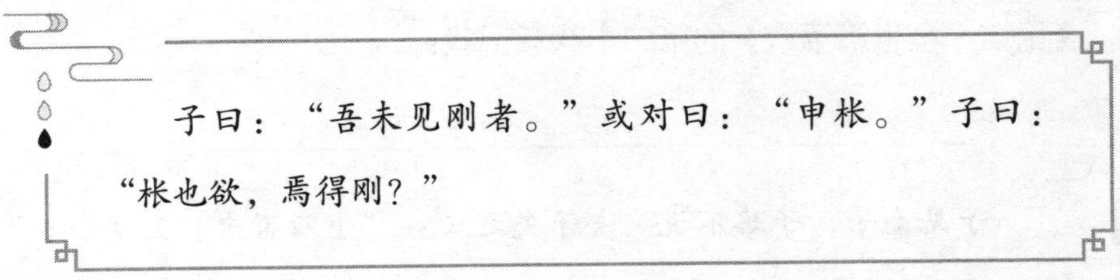

> 子曰：“吾未见刚者。”或对曰：“申枨。”子曰：“枨也欲，焉得刚？”

孔子很感慨，他平生还没有见到真正算得上刚毅不屈的人。他的学生就说，不对啊，申枨就是这样的人。孔子回答说，申枨只是欲望多，怎么能说是刚毅不屈呢？请大家注意，欲望多的人，对名利的追逐心很强，遇到挫折的时候，往往表现出好像是刚强勇猛的样子。这些年来，商界风云变幻，我们看到了很多这样的案例。一些商界中人，在遇到挫折的时候，由于其名利心很重，贪求心很强，所以会不顾一切地追逐财富和名声，可等到他渡过了最困难的时候，拥有了财富和名声，他反而扛不住了，因为他不会善用财富和名声，最终也只能功亏一篑。

而儒家所说的“刚”，不是这个样子的。儒家所说的“刚”，是孟子所讲的“富贵不能淫，贫贱不能移，威武不能屈”。具备“刚”这种品格的人，财富、名声、赞誉、诋毁都不能改变他的精神面貌，都不能动摇他的心性修养。王阳明曾说：“学问之道无他，求其放心而已。”真正具备“刚”这种德行的人，可以真正放下那颗患得患失、纠结反复的心，可以光明正大、堂堂正正地走自己的人生道路。

在先秦儒家和《论语》的背景下讲“刚”，就不得不提另外一个字，“直”。“刚”和“直”有天然的联系。秉持刚正品性的儒者，都是直道而行的。那什么是“直”呢？在子路的身上，有没有表现出“直”的特点呢？

《论语·雍也篇第六》的第二十八章记载：

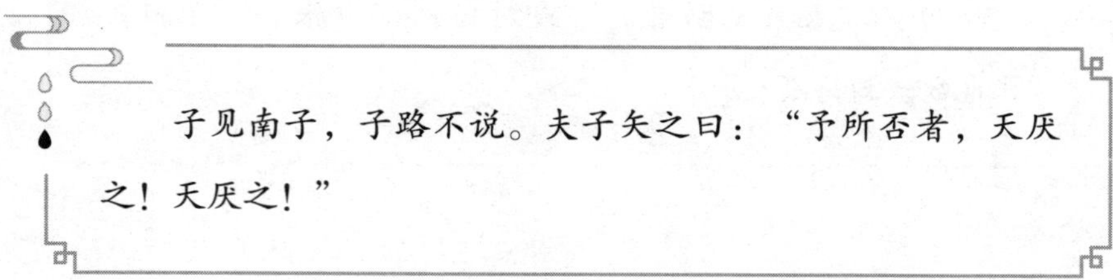
子见南子，子路不说。夫子矢之曰：“予所否者，天厌之！天厌之！”

孔子见了卫国国君的宠妃南子。据说这位宠妃的名声不好，只是由于当时礼节的要求，孔子去见了她。但因为这件事，子路直截了当地表示自己很不高兴，他认死理，就把孔子给逼到死角上了。

我们看《论语》的时候会发现，只有子路敢在不同意孔子的时候，这样直接和老师顶嘴。就拿上文提到的孔子见南子这件事来说，从子路的角度看，他心中没有什么芥蒂，只是坦然以对，所以敢和老师这样直接表达。不过话说回来，子路这种直接表达的方式，是不是完全正确呢?

我们知道，在沟通中，表达的内容和表达的方式都很重要，甚至很多时候，会因为沟通方式不正确，让对方感受不好，对方可能连沟通的内容都听不进去了。其实这是现代人的总结，而中国的古人很早就知道了沟通方式的重要性，古人是用这样一句话来总结的，这句话叫作“通情达理”。

沟通中，想要传递的内容，属于理的范畴；而沟通的方式，则属于情的范畴。只有参与沟通的双方在情上有了通达的可能，沟通的内容才有可能被对方真正听到心里去，从而产生行为上的改变。

古人常说，“成也萧何，败也萧何”。在孔子看来，子路的这种“直”，若能善加利用，产生的力量就会很大，但是倘若“直”过了头，没有深刻的人生修养为基础，那就会很危险。

关于这一点，我们来看《论语·阳货篇第十七》第八章的原文：

子曰："由也！女闻六言六蔽矣乎？"对曰："未也。"

"居！吾语女。好仁不好学，其蔽也愚；好知不好学，其蔽也荡；好信不好学，其蔽也贼；好直不好学，其蔽也绞；好勇不好学，其蔽也乱；好刚不好学，其蔽也狂。"

这一段就是著名的六言六蔽故事，是孔子特意教育子路的，可惜的是，子路没有真正听进去。孔子告诉子路，在人生中有6个大原则需要注意。

第一是"好仁不好学，其蔽也愚"。意思是说仁义道德固然好，但是假如没有真正的、深厚的学养，不能透彻地分辨是非善恶，人就会变得愚蠢。古人常说："慈悲生祸害，方便出下流。"

第二是"好知不好学，其蔽也荡"。这里讲到的"知"，主要指知识、技能。这句话是讲一个人爱耍聪明，心中并没有真正的定见，不知道自己人生真正的意义所在，因此就不能善用知识和技能，也就容易变得放肆、放荡。

第三是"好信不好学，其蔽也贼"。意思是说一个人过于相信自己，不能真正低下头来发现自己身上的不足，遇事不走大道，反而喜欢找各种捷径，就很容易对自己和他人造成各种各样的伤害。

第四是"好直不好学，其蔽也绞"。绞的状态，类似绳子打了结，很容易把绳子崩断了。一个人如果性情太直了，与人相处时没有涵养，到处“放炮”，一点就着，就很容易出乱子。

第五是“好勇不好学，其蔽也乱”。意思是说一个人虽然具备勇武气质，但是没有学养来约束自己，动不动就用拳头说话，那么他造成的乱子也少不了。

第六是“好刚不好学，其蔽也狂”。意思是说性格刚强的人，虽然有主见，遇事很少转弯，但是假如没有真正的学问来滋养他，他就容易变得固执己见，听不进逆耳忠言，也会变得狂妄自大。

“仁”“知”“信”“直”“勇”“刚”，这六种个性本来都挺好，但假如没有真正的学养做基础，不能明白其中的内涵，人就容易反受其害。我们希望大家都能从孔子所讲的六言六蔽中，找到自己人生修养的落脚点，让自己的人生道路走得更踏实、更有目标感。

第4节　名不见经传的儒家修行者——澹台灭明

这一节我们来谈谈孔子的弟子澹台灭明。有关《论语》的节目或者书籍中，很少讲澹台灭明这个人。原因很简单，因为有关他的资料太少了。《论语》中关于他的记载，只有过一次，而且在那段文本中，澹台灭明还不是对话的主角，他只是被孔子的弟子子游介绍出场的。不仅如此，在其他的历史记载，如《史记·仲尼弟子列传》或者地方志中，和澹台灭明有关的文字记录也不多。

按理来说，只有这么少的文字记录，是很难单独提出来讲他的。那我们为什么要在这本书的最后一节来讲他呢？因为我发现，澹台灭明有点像颜渊，他们留在这个世界上的印记很少很少，我们很难找到他们所讲过的话、所写的书，但是，他们却被深深铭刻在我们这个民族的记忆中。我想，这里面就有所谓的历史深意吧。

另外按照我对历史人物的解读，我把这些人物大概分为两大类，一类是学者，另一类是修行者。颜渊、澹台灭明就是我心目中儒家的修行者。我想正是因为他们的人生修行有特殊的成就，他们才能被历史所铭记吧。加上我们这本书的关注点是在事业中修行，所以，我决定在最后一节来单独讲讲澹台灭明。

首先，我们来看《论语·雍也篇第六》第十四章的原文：

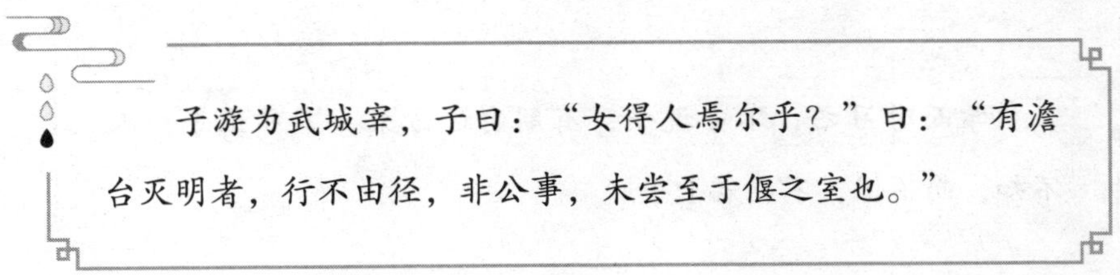
子游为武城宰，子曰：“女得人焉尔乎？”曰：“有澹台灭明者，行不由径，非公事，未尝至于偃之室也。”

孔子的弟子子游出任武城这个地方的官，孔子问子游有没有发现什么人才，子游回答说，他发现了一个叫澹台灭明的人，为人做事光明磊落，若非处理公事，从来不到他的住处。

在这里，子游形容澹台灭明的品性修养用了这么一句，“行不由径，非公事，未尝至于偃之室也”。关于这一点，在《史记·仲尼弟子列传》中也有类似的记载，我们一起来看看原文。原文是这样形容的：

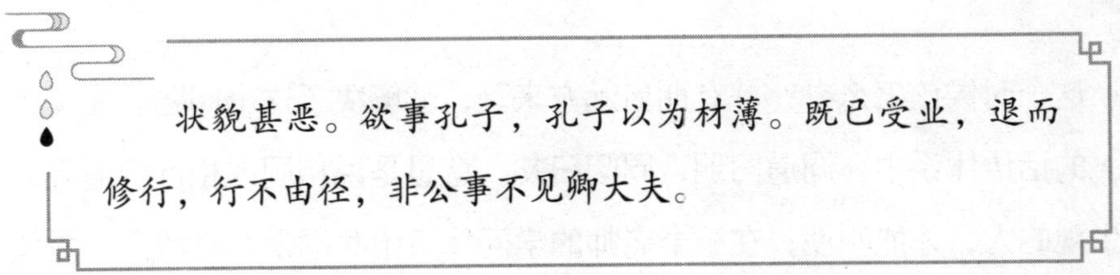
状貌甚恶。欲事孔子，孔子以为材薄。既已受业，退而修行，行不由径，非公事不见卿大夫。

这一段讲到澹台灭明长相不那么周正，也不那么儒雅，他想拜在孔子门下学习，孔子却认为他天资不高，不是可造之才。

在孔子对澹台灭明的品评之后，《史记》中接下来的一句是“既已受业，退而修行”。我们关注的重点终于来了，“退而修行”，那我们该怎么理解儒家的修行呢？

我们还是回到《论语》开篇的三句话，再结合《史记》，来讲修行。

这三句话大家都知道。

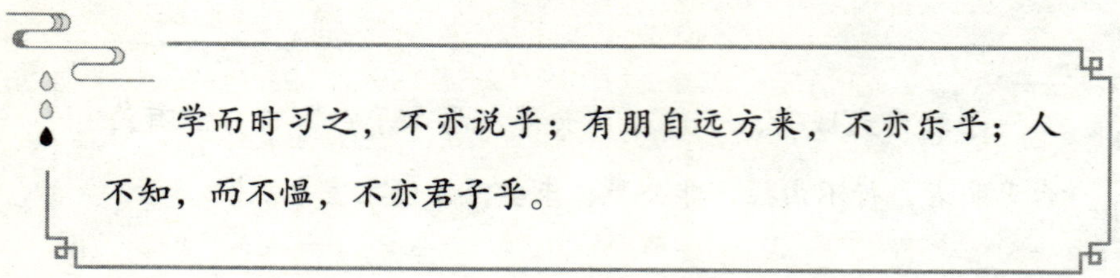
学而时习之，不亦说乎；有朋自远方来，不亦乐乎；人不知，而不愠，不亦君子乎。

儒家的修行，一定是知行合一的。这三句话讲透了学修一体、知行合一的方法和境界。

首先是方法，学一定要“时习之”，慢慢地人的内心才会有所得，心中自然有喜悦之感。但是，“学而时习之”到了一定的阶段，问题就出现了。我们知道，再高明的人，也会受个人禀赋的限制，为人做事一定会有所偏，而且正所谓“医不自治”，一个学习者很难看清和解决自己的问题。

这个时候该怎么办？“有朋自远方来”，就解决了这个问题。在《论语》的话语体系中，同道曰朋，同门曰友。意思是说相同或相近价值观、人生观的人，才能叫朋；在一个老师的学问体系中共同学习过的人，才能叫友。和这样的人在一起切磋交流，相互砥砺，对我们学问的进展一定会有很大帮助，大家自然就会感到快乐。

到这里，大家不难看出，这里的前两句话主要讲的是修行的方法和路径。而第三句话“人不知，而不愠”，则主要讲修行的境界。

为了更好地理解修行的境界，我们来看看《论语·子罕篇第九》的第二章的一段文字。

在《论语·子罕篇第九》第二章中，我们可以看到这么一句，“博学而无所成名”，就是说学问广博，可惜没有足以树立名声的专长。孔子说过“君子不器”，器必然具有特定用途。既然有特定用途，就必然会被用途所拘束。而“博学而无所成名”之人，就不是器，自然就不会被拘束。

那么关于博学的精神，我们再来看《论语·泰伯篇第八》的第五章中的一段话。

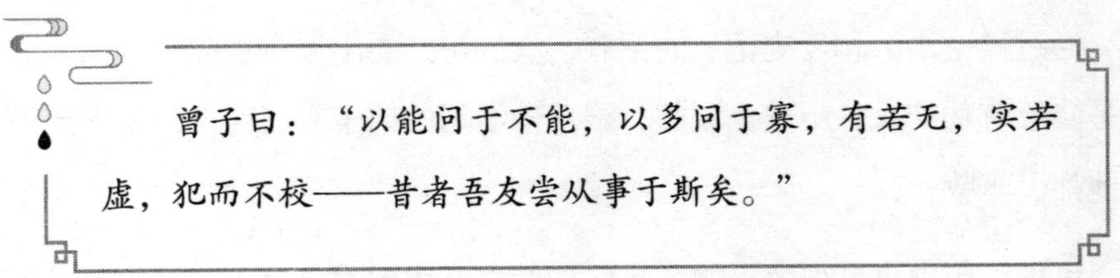

曾子曰：“以能问于不能，以多问于寡，有若无，实若虚，犯而不校——昔者吾友尝从事于斯矣。”

一个人有了知识和才能之后，最容易出现的就是我见、我执。要想破我执和我见，就要多向别人求教。曾子说，才能高的人去问那些才能不如自己的人，知识渊博的人问那些不如自己渊博的人。

“有若无”指一个人学识渊博，但外表看起来很平常，好像没有什么学问。“实若虚”指一个人内涵深厚，表面上看起来却普普通通。“有若无，实若虚”，就是返璞归真，就是“博学而无所成名”的境界。

那么“人不知，而不愠，不亦君子乎”所讲的境界是什么呢？我们把它和曾子所讲的“犯而不校”放在一起读，就容易体会到儒家修行的境界。面对不了解自己的人、误解自己的人、冒犯自己的人，能保持内心不愠怒，自然就会做到“犯而不校”，即不和对方计较。

著名的国学大师钱穆先生曾经说，先秦儒道不分家，那么我们来看一下《道德经》和《论语》中相对应的文本。

《道德经》中有这么一句，“为学日益，为道日损”。“学而时习之，不亦说乎；有朋自远方来，不亦乐乎”这两句主要讲的是“为学日益”，即增加知识、才干，增加对人生的理解，是给人生做加法。

而“退而修行”“人不知，而不愠，不亦君子乎”“犯而不校”，这几句主要讲的是“为道日损”，是做减法，减掉我们心中的我见、我执。

通过《论语》和《史记》的记载，我们可以看出澹台灭明这个人，显然是修行有功的人。历史上记载，跟从他学习的弟子有三百人，很多诸侯对他都很尊敬。

可见，历史真是很公平的，我们虽然难以找到澹台灭明很多的语录，但是，他就这样被历史所铭记了。

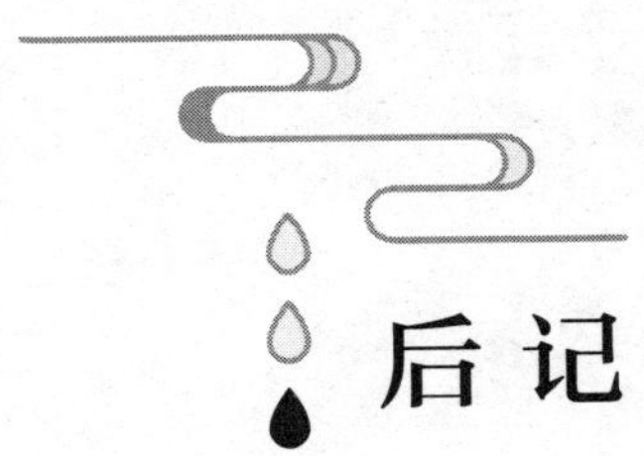

后记

首先，非常感谢大家的理解和支持，让我这样一个普普通通的人，有机会和大家分享一些对《论语》的认识。我是一个凡人，站在凡人的位置，以凡解圣，因此对于《论语》的理解一定有很多遗漏和错误之处，请大家多多指正！

其次，这本书的主题是在事业中谈修行，因此我们的内容，结合了现代心理学、家庭系统排列、蒙特梭利教育理论、领导力发展等当代的学问体系，从多元的角度试图让更多在事业中打拼的同道受益。当然，我们主要还是以传统的文本解读的方式，从“君子务本”开始，讲到了儒家的心性修养，如何通过自我认知、自我管理来提升自己对世界、对他人、对事业的认识水平等，我们还讲了礼乐文化的深意以及如何通过礼乐来建立和谐的组织和人际关系，在最后我们主要通过历史的记载，解读了孔子和儒门先贤的人生观、事业观，以及他们是如何达到内圣外王的境界的。

最后，感谢大家的耐心与宽容，让我有机会和大家一起分享，衷心希望每位读者，都能多读《论语》，都能找到自己的天性，为中国文化的复兴做出自己的贡献！谢谢！